JN298829

辞典ではわからない

新 英単語の
使い方事典

名詞編

ケリー伊藤 著

三修社

■ CDについて

吹込者　ケリー伊藤

　　読むスピードは、1分間に100語です。これはVoice of America（アメリカ国務省の海外放送）の"Special English"（英語を母語としない人のための放送）に準じていますので、初心者にも1音1音が明確に聞き取れるはずです。

吹込時間　60分25秒

まえがき

　英語を自由に使いこなす上で、基本動詞が大切なことは言うまでもありません。

　しかし、動詞だけでは文章は成立しませんから、動詞と名詞を組み合わせることで、内容のある文章を書くことができます。

　一般的に日本人の英語学習者は、名詞を概念（機能）ではなく、訳語で覚えようとするので、英語を自由に使いこなせません。本書には、62語の基本的な名詞が収録してありますが、それらは"the core of the English language"（英語の核）とも呼べるものです。62語には888例の用例を紹介しています。この例文は、欧米などの英語圏で大人が日常的に使っている自然なもので、すべて私が作りました。これらと基本動詞とを組み合わせれば、たいていのことは表現できます。

　本書の性格上深入りはしませんが、英語での情報伝達文は、形容詞・副詞の使用をなるべく控えて、動詞と名詞だけで言いたいことを伝えるのが文章表現の理想とされています。

　その昔、Voltaireは"The adjective is the enemy of the noun."と喝破しました。また、Mark Twainは"When you catch an adjective, kill it."とその文章読本でアドバイスしています。そうです。英語では、なるべくムダを省き、簡潔な表現をするのが理想なのです。そのためのmethodの1つPlain Englishを、日本人向けに改良してその普及運動を私が始めてから、もう20数年になります。

　さて、名詞が主語となる場合の注意点について簡単に述べておきましょう。一言でいえば、「数の概念がある英語、数の概念が希薄な日本

語」という、両言語の相違を理解しておかねばなりません。

　英語の名詞の最大の特徴は、必ず数の概念が伴うことにあります。数の概念とは、要するに可算名詞(数えられる名詞)、不可算名詞(数えられない名詞)があるということです。具体例を挙げてみましょう。

　たとえば、advice と information は常に不可算名詞です。これは覚えてしまえばなんとかなるはずです。厄介なのは、1つの名詞が、ある時は可算名詞になり、また別のある時には不可算名詞になることです。たとえば、company や business がその例で、単数形であったり複数形であったり、変幻自在なのです。

　もちろん、主語(名詞)と述語(動詞)は、きちんと一致対応させなければなりません。主語(名詞)が単数形なら、述語(動詞)も単数扱いに、また主語(名詞)が複数形なら動詞も複数扱いのものを用いなければなりません。

　この本で英語の名詞の数の概念を徹底的に学習して身につけ、単語の意味を覚え直しましょう。不明なら、面倒がらずに、そのつど英英辞典を引いてチェックしてください。そして、名詞の用例888文は理屈抜きに暗記してください。これが一番確実な英語上達の王道です。

　本書は、1999年に出版した同名タイトルの拙著の全面改訂版です。今回、ようやく自分でも満足のいく内容に仕上がったと自負しております。どうかご活用ください。出版に際しましては、前著『辞典ではわからない　新・英単語の使い方事典　基本動詞編』同様に、三修社顧問の澤井啓允氏にお世話になりました。A million thanks.
　2010年3月

　　　　　　　　　　　　　　　　　　　　ケリー伊藤(Kelly Itoh)

Contents

ABILITY **18**
   have the ability to···*18* have the capability to···*19* nuclear capability···*19* beyond one's capacity···*19* have the capacity to···*19* have a flair for···*19*

ACCIDENT **20**
   traffic accident···*20* by accident···*20* have an accident···*20* a matter of chance···*21* precipitation chances···*21* by chance···*22* by any chance···*22* a ghost of a chance···*22* take chances···*22*

ADVICE **23**
   follow someone's advice···*23* have any suggestion···*23* cooking hints···*23* This is a caution.···*24* warning···*24*

AIM **25**
   original intention···*25* good intention···*25* purpose of this association···*25* aim in life···*26* have a high aim···*26* chief end of life···*26* to that end···*26* object in life···*26* object of studying···*26* goal of teaching···*27* achieve a goal···*27*

ANGER **27**
   show one's anger···*27* burn with anger···*27* calm one's anger···*28* check one's anger···*28* speak in anger···*28* in a moment of anger···*28* cause public indignation···*28* boil with indignation···*28* arouse one's indignation···*28* the wrath of God···*29* in a fit of rage···*29* fly into a rage···*29*

ANXIETY **30**
   anxiety about the future···*30* anxiety for success···*30* age of anxiety···*30* fear of heights···*31* Have no fear. ···*31* financial worries···*31* constant worry···*31*

APPOINTMENT **32**
   make an appointment···*32* cancel one's appointment···*32* one's appointment as···*32* by appointment only···*33* by appointment to···*33* posh appointments···*33* keep one's

promise…33 break one's promise…33 make a promise…34 claim someone's promise…34 verbal promise…34 secure someone's promise…34 writer of promise…34 have a lot of promise…34 campaign pledge…35 leave ~ as a pledge…35 take the pledge…35

ATMOSPHERE 35

the atmosphere of the moon…35 clear atmosphere…36 damp atmosphere…36 nice atmosphere…36 atmosphere of freedom…36 the Oriental atmosphere…36 air of dignity…37 let air in…37 in the country air…37 in the open air…37 take the air…37 take air…38 on the air…38 in the air…38 up in the air…38 beat the air…38 clear the air…38 get the air…38 put on airs…39 in a good mood…39 in a bad mood…39 in no mood to…39 in the mood…39

BARGAIN 41

drive a hard bargain…41 strike a bargain…41 close a bargain…41 bad bargain…42 a bargain…42 Dutch bargain…43 throw ~ into the bargain…43 at a bargain…43

BENEFIT 44

the benefit of the doubt…44 of benefit to…44 fringe benefits…45 retirement benefits…45 stage a benefit…45 have the benefit of…45 advantage over…46 have the advantage of…46 enjoy the advantage of…46 take advantage of…46 show ~ to advantage…46 turn ~ to one's advantage…46

BREAKDOWN 47

breakdown of the negotiations…48 have a breakdown…48 computer breakdown…48 family breakdown…48 total failure…48 kidney failure…48 power failure…49 have a failure…49 malfunction…49

BUSINESS 49

do good business…50 know one's business…51 get down to business…51 none of your business…51 Mind your own business.…51 have no business…52 a bad business…52 do business with…52 big businesses…52 small and medium-sized enterprises···52 have no enterprise···52 bio-venture···53 at a venture···53

COMPANY ··· 54
in company···54 Two's company, three's a crowd. ···54 have company···55 expect company···55 keep ~ company···55 local businesses···55

CRIME ··· 56
the crime of murder···56 crime rate···56 commit crime···56 crime against···57 minor offense···58 no offence···58 give offense···58 take offense···59

DANGER ··· 60
full of danger···61 out of danger···61 a danger to society···61 increase the risk···61 high risks···61 at one's own risk···61 brave the perils···61 face the hazard···61 hazards of the job ···61

DECISION ··· 62
good decision···62 gain a decision over···63 hand down a decision···63 weaken one's determination···63 adopt a resolution···63 make a resolution···63

DEFECT ··· 64
accept one's faults···65 have a fault···65 one's fault···65 find a defect···65 speech defect···66 flaw···66 bug···66 glitch···66

DEMAND ·· 66
reject someone's demand···67 disregard someone's demand ···67 boost demand···67 in demand···67 on demand···67 supply and demand···67 satisfy someone's demand···67

DESTINY ·· 68
be one's destiny···68 control one's destiny···69 Destiny···69 decide one's own fate···69 meet one's fate···69 by a twist of fate···69 lot···69

DUTY ··· 70
have a duty to···70 sense of public duty···70 duties of a

manager···70 on night duty···70 pay one's duty to···71 do
duty for···71 duty-free···71 have an obligation···72 meet one's
obligations···72 family obligations···72 under no obligation to
···72 have responsibility···73 take responsibility for···73 admit
one's responsibility···73 on one's responsibility···73 have a
sense of responsibility···73

EFFECT ······ 74
take effect···74 go into effect···75 have an effect on···75 give
the effect of···75 adverse effect···75 personal effects···75

EVIDENCE ······ 76
evidence that···76 in evidence···77 proof that···77 page
proofs···78 proof of the negative···78 90 proof···78 give
testimony···78 one's testimony of love···79

FEELING ······ 80
by feeling···80 have feeling for···80 show one's feelings···80
hurt someone's feelings···81 lose feeling···81 develop a
feeling···81 mixed feelings···81 have a feel for···81 get the
feel···82 touched with emotion···82 overwhelmed with
emotion···82 carried away by emotion···82 hide one's
emotions···82 passion for···83

FIGHT ······ 83
go for a fight···83 fight against···84 fight between···84 sham
fight···84 pillow fight···84 show fight···84 fight in···84 fight
over···85 pick a fight with···85 one-man battle···85 fight a
losing battle···85 do an uphill battle···85 killed in battle···86
do battle over···86 half the battle···86 battle for life···86 street
battle···86 in combat···87

FORECAST ······ 87
weather forecast···88 pessimistic forecast···88 prediction···88
rough estimate···89 one estimate suggests···89 according to
estimate···89 projection···89

FUN ······ 89
have fun···90 What fun!···90 fun to be with···90 for fun···91

make fun of…*91* on business or pleasure…*91* amusement…*92* favorite sports…*92* a source of sport…*92* in sport…*92* the finest sport…*92*

HEART **93**

have a heart…*93* eat one's heart out…*93* heart and soul…*93* at heart…*94* take heart…*94* have one's heart in…*94* make up one's mind…*94* change one's mind…*94* keep ~ in mind…*94* out of one's mind…*94* blow one's mind…*94* have ~ on one's mind…*94* put one's soul into…*95* the soul of wit…*95* a person of spirit…*95* fighting spirit…*95*

HELP **95**

need help…*96* great help…*96* ask for help…*96* financial assistance…*96* provide assistance…*96* military assistance…*97* provide aid…*97* emergency aid…*97* hearing aid…*97* need support…*97*

HOBBY **97**

one's hobby…*98* one's favorite pastime…*99* national pastime…*99* one of one's pastimes…*99* popular diversion…*100* one's diversion…*100* one's interests…*100*

HOME **101**

one's home…*102* far from home…*102* home for the aged…*102* nursing home…*102* outside the home…*102* the home of…*102* find a home in…*102* keep house…*103* play house…*103* set up house…*103* full house…*103* good house…*103* dress the house…*104* bring down the house…*104* on the house…*104* publishing house…*104* the House…*105* house arrest…*105* housewarming…*105* spend a residence of…*106*

ISSUE **107**

the August issue of…*107* tackle the trade issue…*107* at issue…*107* take issue with…*108* problem…*108* no laughing matter…*109* No problem.…*109* topic…*110* subject…*110*

LAW **111**
  break the law···*111* against the law···*111* maintain law and order···*111* by law···*112* infringe the law···*112* study law···*112* enter law···*112* go to law···*112* father-in-law···*112* common-law···*113* martial law···*113* the law of gravity···*113* the rule of law···*113* the exception than the rule···*113*

LIFE **114**
  no sign of life···*114* no signs of life···*114* matter of life and death···*115* full of life···*115* put life into···*115* see life···*116* What a life!···*116* Such is life!···*116* That's life.···*116* This is the life.···*116* live one's own life···*116* take ~ lives···*117* take one's own life···*117* country life···*117* city life···*117* a way of life···*118* all one's life···*118* come to life···*118* have a life of ~ hours···*118* the life of the party···*118* plain living···*119* earn a living···*119* comfortable living···*119* for a living···*120* in existence···*120*

LUCK **120**
  in luck···*120* out of luck···*121* Tough luck.···*121* down on one's luck···*121* try one's luck···*121* push one's luck···*121* potluck···*122* have fortune on one's side···*122* bring ~ a fortune···*122* tell someone's fortune···*122*

MANNER **123**
  have no manners···*124* bad manners···*124* hit-or-miss manner···*124* businesslike manner···*124* etiquette···*124* courtesy···*125*

MEETING **125**
  have a meeting···*125* hold a cabinet meeting···*125* press conference···*126* address an assembly···*126* the United Nations General Assembly···*126* open a convention···*126* attend a convention···*127* rally against···*127* rallies for and against···*127* have a gathering···*127* family gathering···*128* get-together···*128*

MISTAKE **128**
  spelling mistake···*128* make a mistake···*129* by mistake···*129*

there's no mistake about⋯129 make no mistake about⋯130 printer error⋯130 human error⋯130 in error⋯130 trial and error⋯131 error of judgement⋯131 error of 0.1 percent⋯131 political blunder⋯131 minor fluff⋯132

MONEY **132**
borrow money⋯132 make money⋯132 a man of money⋯132 have money to burn⋯133 in the money⋯133 for profit⋯133 non-profit⋯133 make a profit⋯134 produce a profit⋯134 small profits and quick returns⋯134 funds for⋯134 on funds⋯134 have funds⋯134 fund for⋯135 finances⋯135

MOVE **136**
in motion⋯136 make a motion⋯136 the movement of the earth⋯136 launch a movement for⋯137 quartz movement⋯137 have a movement⋯137 one's move⋯137 know every move⋯138 on the move⋯138 practice basic moves⋯138

OCCUPATION **139**
by occupation⋯139 one's occupation⋯139 favorite occupation⋯140 by trade⋯140 jack of all trades⋯140 by profession⋯140 apply for a position⋯141

OPPORTUNITY **141**
have no opportunity to⋯141 have a chance⋯142 great opportunity to⋯142 have few opportunities of⋯142 miss an opportunity⋯142 take an opportunity to⋯142 one's chance⋯143 give ~ a chance to⋯143 stand a good chance of⋯143 see no chance of⋯143 take chances⋯144 take a chance⋯144 by chance⋯144 buy a chance⋯144 have no [much] occasion to⋯144 have no sense of occasion⋯145 special occasions⋯145 rise to the occasion⋯145

PAIN **146**
have a pain⋯146 kill the pain⋯146 feel no pain⋯146 sharp pain⋯146 a pain in the neck⋯147 a real pain⋯147 give ~ pain⋯147 take pains⋯147

PAY **148**
>pay day…*148* pay hike…*148* pay phone…*149* on the payroll…*149* in the pay of…*149* wages…*150* salary…*150* double income family…*150*

PEOPLE **151**
>a people…*151* people say…*152* city people…*152* country…*153* nation…*153*

PLAN **153**
>make plans…*154* have no plans…*154* a change of plan…*154* according to plan…*154* housing project…*155* scheme…*155* plot…*155* strategy…*155*

POWER **155**
>cultivate the power of…*155* buying power…*155* will power…*156* staying power…*156* economic super power…*156* power failure…*156* powerhouse…*156* come to power…*157* in power…*157* the third power of four…*157* solar energy…*157* full of energy…*158* energy crunch…*158* energy saving…*158* concentrate one's energies…*158* strength of character [mind]…*159* physical strength…*159* one's strength…*159* full strength…*159* the force of gravity…*159* in force…*159*

PRICE **160**
>land price…*160* prices…*160* mark the price…*160* quote a price…*160* put a price on…*161* price of success…*161* have its price…*161* pay the price…*161* at the price of…*161* at any price…*161* beyond price…*161* charge for delivery…*161* free of charge…*162* make no charge for…*162* extra charge…*162* cost of labor and material…*163* below cost…*163* living costs…*163* at cost…*163* at all costs…*163* count the cost…*163*

RATE **165**
>unemployment rate…*166* economic growth rate…*166* crime rate…*166* interest rate…*166* student-teacher ratio…*166* ratio of men to women…*166* proportion of men to women…*166* a large proportion of…*166* good proportions…*167*

RESPECT ··· **167**
show respect for···167 with respect···167 win the respect of
···168 give ~ one's respects···168 pay one's respects to···
168 pay one's last respects···168 win someone's regard···
168 have regard for···169 give one's best regards···169 a
sign of reverence···169 feel reverence for···169 show
deference to···170 in deference to···170

SICKNESS ·· **171**
mountain sickness···172 morning sickness···172 feign illness
···172 fatal disease···173 suffer from ~ disease···173
occupational disease···173 one's disease···173 plague···174
eye complaint···174

SIGN ·· **174**
sign of rain···174 good omen···175 omen of misfortune···175
harbinger of inflation···175 signs of life···175 sign of the times
···175 symptom of cold···176 sign says···176 birthmark···176
on one's mark···176 beside the mark···177 easy mark···177
landmark···177 symbol of peace···177 up to the mark···178
get poor mark···178

SIN ·· **178**
live in sin···179 misdemeanor···179

SITUATION ··· **180**
present situation···180 economic situation···181 political
situation···181 in one's situation···181 a situation···181 one's
circumstances···181 business conditions···181 create an
environment···181

SIZE ·· **182**
of the same size···182 in three sizes···182 one's size···182
of a size···182 try ~ for size···183 the size of it···183 beat
[take] ~ down to size···183 man of large bulk···183 in bulk···
184 the bulk of the work···184 break bulk···184 bulk mail···
184 speak volumes···185

SMELL **185**
smell of tobacco…*185* kill the smell…*185* sense of smell…*185* by smell…*186* have a smell of…*187* aroma of coffee…*187* bouquet…*187* body odor…*188* odor of corruption…*188* in bad odor with…*189* scent of roses…*189* lose the scent…*189* on the scent…*190*

TALK **191**
talk of the town…*191* have talks with…*191* coffee and conversation…*191* criminal conversation…*192* discussion…*192* carry on a dialogue…*192* have a chat…*192* chatterbox…*193*

TRADITION **193**
cherish [break] the family tradition…*193* gift giving custom…*194* clear the customs…*194* bad habit…*194* habit forming…*194* common practice…*194* convention…*195*

TRAFFIC **195**
traffic jam…*195* air traffic…*196* international telephone traffic…*196* traffic ticket…*196* traffic sign…*196* transportation…*196* New York City Transit…*197* transports of joy…*197*

TRAVEL **197**
space travel…*198* in travel…*198* travel agent…*198* travels…*198* make a trip…*199* one-day trip…*199* round-trip ticket…*199* business trip…*199* Have a nice trip back.…*199* ego trip…*199* make a trip of etiquette…*199* have a bad trip…*200* make a tour of…*200* house tour…*200* on tour…*201* on a journey…*201*

TRUST **201**
common belief…*201* have belief in…*202* lose one's belief in…*202* follow the belief of…*202* accept the beliefs of…*202* express one's belief in…*202* beyond belief…*203* to the best of one's belief…*203* one's conviction…*203* carry conviction…*203* according to one's convictions…*203* have the courage of one's convictions…*204* previous conviction…*204* put trust in…*204* betray someone's trust…*205* position of great trust…

205 on trust…*205* in one's trust…*205* gain [lose] confidence in…*206* lack confidence…*206* enjoy someone's confidence…*206* put confidence in…*206* betray someone's confidence…*207* in confidence…*207* vote of confidence…*207*

WAY **208**
on the way…*208* in the way…*209* clear the way…*209* out of the way…*209* under way…*209* pave the way…*210* know the way around…*210* push one's way…*210* work one's way through…*211* force one's way…*211* pick one's way through…*211* feel one's way…*211* lose one's way…*211* give way…*211* make way…*211* make one's way…*212* go out of one's way to…*212* a way of life…*212* learn ~ the hard way…*212* have a way with…*212* go all the way to [with]…*213* go both ways…*214* go a long way…*214* have come a long way…*214* hit the way…*214* the other way round…*214* That's the way it is.…*215* No way.…*215*

WORK **215**
hard work…*216* take time and work…*216* the works of Hemingway…*216* look for a job…*217* at work…*217* on the job…*217* do a job on…*217* in labor…*218* toil…*218* chore…*218* household chores…*219*

ABILITY

　人やモノが何かができること、つまり「能力」を表す一番一般的な語は ability です。ability は、不可算名詞、可算名詞両方で用いられます。また ability は、人やモノがもとから備えている能力を示します。後から学んだ技能や能力は skill となります。

　capability は、基本的には ability と同じ意味ですが、何か困難な難しい事をやり遂げる能力、またそのための知識や装置、設備が整っていることを表します。別の言い方をすれば、ability の質的な面まで言及していることになります。

　capacity は、もともとはモノの容量を表します。要は、器の大きさです。そこから何かを受け入れる能力、人なら理解力、あるいは普通の人にないような能力を表します。

　なお、capability も capacity も不可算名詞、可算名詞両方で用いられます。

　日本人学習者が案外知らない flair は、どちらかというと実務の能力、才能を表します。よく a talent for languages という英語を「語学の才」の訳として見かけますが、この場合は talent ではなく flair を用いて、a flair of languages とするほうが自然な英語です。talent は芸術や音楽の才能などに用いてください。

① **She has the *ability* to attract clients.**
　　彼女は顧客を引きつける能力がある。

② **Ben has the *ability* to work under pressure.**

ベンはプレッシャーに強い。

③ **Do you think a computer will have the *ability* to think?**

コンピュータが考える能力を持つようになると思いますか？

④ **Have confidence in your *abilities* as a teacher.**

教師としての自分の能力に自信を持ちなさい。

➡この場合、教師としてのいろいろな能力に言及しているので複数です。

⑤ **China will have the *capability* to send humans into space.**

中国は、人を宇宙に送る力を持つようになるだろう。

⑥ **Some countries are trying to develop a nuclear *capability*.**

核戦力を開発しようとしている国々がある。

⑦ **This is *beyond his capacity*.**

これは彼の理解力を超えている。

⑧ **She has the *capacity* to memorize 700 words a day.**

彼女は1日700語覚えることができる。

⑨ **Tom has a *flair* for languages.**

トムは語学の才能がある。

⑩ **Jane has a *flair* for public speaking.**

ジェーンはスピーチの才能がある。

ACCIDENT

accident という言葉は日本語の「事故」とだけ覚えていたのでは、とうてい使いこなすことなどできません。

accident の基本概念は something that happens without being planned or expected です。つまり、予測しない偶然を意味するわけですが、場合によってはそうした意味に「あまりよくない」ニュアンスが加わります。それが日本語の「事故」です。

① **I saw a traffic *accident* on the way to work this morning.**

今朝、会社に行く途中で交通事故を見た。

② ***Accidents* will happen.**

事故は起こるものだ。

➡この文は、事故は防いでも防ぎきれるものではなく、起こるときにはどうしようもないといった感じを表しています。

③ **Our meeting was an *accident*.**

われわれが出会ったのはまさに偶然ですよ。

➡2人とも会おうと思って会ったわけではないという感じを、accident を使うことによって出すことができます。

④ **I met him *by accident*.**

私は彼に偶然出会った。

➡この by accident は、皆さんもよくご存じの成句です。

⑤ **He *had an accident* when he was riding a bicycle.**

自転車に乗っていて彼は事故に遭った。

➡ have an accident を使うと、事故を目撃したのではなく、自分自身が実際に事故を経験したということになります。

また have an accident で、一種の euphemism として、「おもらし」「そそう」を意味する場合もあります。

⑥ **Just go to the bathroom before we leave. And you won't *have an accident* in the car.**

車でおもらしをするといけないから、出かける前におトイレに行っておきなさい。

➡ ちなみに have an accident は「大きい方」と「小さい方」のどちらにも使います。

accident と同じように、偶然性を表す言葉としては **chance** があります。しかし、accident が何か「すでに起こった状況」という意味合いが強いのに対して、chance は「これから先」の意味合いが強い語です。

⑦ ***Now is* your *chance*.**

今だよ。

➡ これは、「今が何かをする好機だ」という意味です。この chance は、opportunity に近い意味です。

⑧ **It's a matter of *chance*.**

運次第だな。

➡ この文の場合、chance は luck の意味合いになります。

⑨ **Precipitation *chances* are low.**

降水確率は低い。

➡ この場合の chance は、possibility の意味合いになっています。可能性の度合いを述べる場合、chance はしばしば複数形で用いられます。

⑩ **The *chances* are slim.**

見込み薄だな。

➡ 日本語で「可能性が薄い」と言うときは、英語でも slim を使います。

⑪ **Tom and I met *by chance*. We are now very good friends.**

トムとは偶然出会って、今じゃ大の仲良しだ。

➡ この文の場合は、by chance を by accident に置き換えても同じ意味になります。

⑫ **Do you have a pen with you *by any chance*?**

もしかしてペン持ってる？

➡ by any chance と言うと、普通の疑問文より if のニュアンスが強くなります。つまり、この by any chance は、possibly という意味になります。

⑬ **No, you can't do that. You don't have *a ghost of a chance*.**

ダメ。絶対にできないわ。これっぽっちの可能性もない。

➡ a ghost of a chance という成句で even the slightest chance「可能性がまったくない」という意味になります。

⑭ **Don't *take chances*. You will be killed.**

無茶するな。殺されるぜ。

➡ take chances と言うと、「一か八かやってみる」という意味になります。

ADVICE

　advice は、日本語でも「アドバイス」として幅広く使われていますが、英語においてはそれほどでもありません。英語の advice はかなり堅い言葉で、医者が患者に「アドバイス」するといったような場合に用います。日本語の「アドバイス」は、英語ではむしろ suggestion、recommendation、tip、hint などが適当です。

① **Follow Dr. Konishi's *advice*, or you will be dead.**
　小西先生の言うことを聞かないと死ぬぞ。

② **Do you have any *suggestions* on the matter?**
　何か良いアドバイスはありますか？

　hint はいわば indirect suggestion ですから、もっと軽いニュアンスになります。

③ **This book carries a lot of cooking *hints*.**
　この本には役に立つ料理のアドバイスがたくさん載っている。
　➡この hint は、tip を用いても同じです。

　advice は、上記の関連語の中では一番重大性が強い言葉ですが、さらに重大性が増すときには caution を使います。
　caution は、英和辞典では「用心」という訳もありますが、基本的には great care という意味合いです。後者の使い方として caution money という表現がありますが、これは学校などが

生徒に対してあらかじめ器物破損などのために徴収しておくお金です。日本語にはこれにあたる表現はあるでしょうか?

④ **This is a *caution.* Stay away from him.**

やつに近づくな。

➡この caution はかなり重大性を帯びています。彼に近づくとあなたの身に危険な事が起こるかも…という意味ですから。

⑤ ***Caution:* Keep head and arms inside the window while the train in motion.**

注意：電車が動いているときに窓から手や顔を出すと危険です。

➡表示文なので train の後の be 動詞は省略。

caution がもっと切迫の度を増すと warning になります。

⑥ ***Warning:* Never speak to strangers.**

見知らぬ人に決して話しかけないように。

➡最近世界中にいる米国人家族の子どもたちに対して、このようにしつけるように大使館あたりから「お触れ」が出ています。テロの影響です。

天気予報などで warning が使われる場合は「警報」です。「竜巻警報」なら tornado warning となります。これの一歩手前、つまり日本語の「注意報」にあたる英語は watch です。「竜巻注意報」なら tornado watch と言います。要するに possibility の度合いの問題です。

warning より強い最大の警告の言葉は danger です。皆さんも赤字で Danger と書いてある所へは決して近づかないようにしましょう。

AIM

　aimと同じように、「目的」という意味を表す語にはintention、purpose、goal、object、endなどがあります。このうち一番「目的」という意味合いが弱い**intention**から説明していきましょう。

　intentionは何かをしようとする「心づもり」を意味します。ですからintentionには途中で目的が変わってしまうかもしれないというニュアンスがあります。

① **Teaching was not my original *intention*.**
　教えることは、私が最初に意図したことではなかった。
　➡結果的には教える立場になってしまったわけですが、当初の心づもりは違っていたということです。

② **It was a good *intention*, but he couldn't do it.**
　ねらいは良かったが、結局彼にはできなかった。

　purposeはintentionよりもう少し確固たる目的を意味します。しかし、この語もまたintentionと同様に決意は示しますが、その成否までは意味していません。

③ **The *purpose* of this association is to spread Plain English in this country.**
　この協会の趣旨は、この国でプレイン・イングリッシュを広めることだ。
　➡ purposeには「趣旨」という訳語がふさわしい場合がありま

す。この場合、その目的が達成されるかどうかはわかりません。

　aim は「目的」そのものよりはむしろ「どこへ向かうか、何をやるか」など、方向性を表す傾向が強いようです。

④ **His only *aim* in life is to become rich.**
　彼の人生唯一の目的は金持ちになることだ。
　➡この例文は、人生のどこに目標を置いているかという方向付けを示しています。金持ちになること以外眼中にないというニュアンスまで含んでいます。

⑤ **Have a high *aim* in life.　That's important.**
　人生の大きな目的を持つことが大切だ。

　end は「目的の結果としてくるもの」を指す場合に用います。

⑥ **Happiness is the chief *end* of life.**
　人生の主たる目的は幸福になることだ。
　➡「人生の行きつくところ」といった結果のニュアンスを強調したいので、end を使っているわけです。

⑦ **To that *end*, we are working together.**
　その目的のためにわれわれは共に頑張っています。

　end に似た意味を持ち、もっと個人的な必要や欲求に基づいた目的を示す場合には **object** を用います。

⑧ **His *object* in life is to make money.**
　彼の人生の目的は金儲けだ。

⑨ **What is your *object* of studying here?**
　ここで勉強しているのは何のためですか？

➡この場合、個人がどんな必要性にかられて勉強しているのかを尋ねているわけです。object を formal に言うと、objective になります。

goal はもともと「競争の終わり」の意味ですから、「目的」を表す単語の中では最も「大変で重い」といったイメージがあります。ですから大変な努力をし、頑張って目標にたどり着くといったニュアンスです。

⑩ **My *goal* of teaching Plain English is to get rid of gobbledygook.**

プレイン・イングリッシュを教えているのは、わけのわからない英語をなくすためだ。

➡大変だけれど、頑張ってやっているのです。

⑪ **The company achieved its sales *goal* for 2009.**

その会社は2009年度の売上目標を達成した。

CD 5

ANGER

anger の基本概念は strong displeasure ということです。

① **Don't show your *anger* this time.**

今回は怒りを顔に出すなよ。

② **He was burning with *anger*.**

彼はカンカンに怒っていた。

➡ burn で怒っている様子が出ています。

③ **We've got to do something to calm his *anger*.**

何とか彼の気を静めなくちゃ。

④ **I understand, but please *check your anger*.**

わかりますが、腹の虫をおさめてください。

➡ check one's anger と言うと「腹の虫を抑える」という感じになります。

⑤ **He never speaks in *anger*.**

彼はいつも穏やかに話をする。

⑥ ***In a moment of anger*, he hit the wall hard.**

彼は腹立ちまぎれに壁を強くたたいた。

➡ in a moment of anger で、「腹立ちまぎれ」という感じになります。

anger よりもう少し formal で、しかも scorn の意味合いがあるものに **indignation** という語があります。日本語ならさしずめ「憤慨」とでもなるでしょうか。

⑦ **That political party's move has caused public *indignation*.**

あの政党のやり方は国民の怒りを買った。

➡ 政党に対しての「憤慨」なので、ただの anger よりも、indignation の方が適当です。

⑧ **My blood is boiling with *indignation*.**

くやしさで腹の中が煮えくり返る。

⑨ **The restaurant's manager's attitude aroused the**

customers' *indignation*.

そのレストランの支配人の態度は客を憤慨させた。

➡これらの文に見られるようにindignationは、unjust、unfair、meanなものに対する怒りを表します。

angerとよく似た意味を持つもう一つの語として**wrath**があります。wrathはformalな語で、強いangerを意味し、indignationプラスpunishmentのニュアンスまでも含みます。

⑩ **The *wrath of God will be upon* you.**

バチが当たるよ。

➡ the wrath of Godで「神の怒り、罰」つまり「バチ」という意味になります。

この他、angerとよく似た意味を持つものに**rage**や**fury**があります。これらの語にはviolent angerという意味合いがあります。つまりangerよりももっと「激しい怒り」を表します。また、たいがいの場合は何か発作的な動作を伴うことになります。少し言い方を変えればrageやfuryは「制御不能のanger」ということになります。

⑪ **He smashed the vase *in a fit of rage*.**

彼はカッとなって花瓶を粉々にたたき壊した。

➡ fitは感情の激発を表します。

⑫ **She flew into a *rage*.**

彼女はカッとなった。

念のために言っておきますが、rageは非常に強い欲望を表す

こともあります。そこから the rage という形で使うと craze や fad と同じ意味になり、大流行を表します。

⑬ **iPods are *the rage*.**
iPod が大流行です。

CD 6

ANXIETY

anxiety と同じような意味を持つ語に fear、worry があります。英和辞典を引くと、どれも皆「心配」となっています。しかし、この3つの語はかなり使い方が違いますので注意が必要です。

anxiety の基本概念は uneasy feeling about what may happen、つまりこれから先に起こる事に対する不安感を表します。これから先に起こる事が問題ですから、anxiety はこれに対する熱烈な気持ちも表すことになります。

① **Do you have any *anxiety* about the future?**
将来に対する不安がありますか。

② **She has *anxiety* for success.**
彼女は何としても成功したいと思っている。

③ **Some people call this age an age of *anxiety*.**
我々の時代を「不安の時代」と言う人もいる。
➡この例文には、この先どうなるかわからないという不安感が出ています。

fear は being afraid、つまり何かに恐れを感じている状態、danger を感じている状態を意味します。したがって anxiety などと違って、この先の事というより今現実にあるものに対して使うのが普通です。

④ **I have *a fear of* heights.**

　私は高所恐怖症です。

　➡高所恐怖症を表す語には acrophobia という難しい言葉がありますが、a fear of heights で十分意味は通じます。この a fear of のあとに何か対象を持ってくれば、何に対する恐怖症であるかを簡単に表すことができますね。

⑤ ***Have no fear.***

　恐がることはない。

　fear を使った某英字新聞のキャッチコピーに News without fear or favor というものがあります。これはジャーナリズムのあるべき姿、つまり impartially、公明正大、何者にも媚びることなく何者をも恐れることなく真実を報道するということです。

　worry は a cause of trouble or care です。worry は数えないと anxiety に近い意味になりますが、その場合でも何か問題があってそれによって引き起こされる anxiety を表します。また worry を数える場合には心配の種そのものを表します。つまり何かの不安、恐れというよりはむしろ trouble、problem に近いニュアンスが worry にはあるのです。

⑥ **Tom has no financial *worries*.**

　トムは、お金の心配をする必要がない。

⑦ **Mat is a constant *worry* to his mother.**
マットは、母親の悩みの種だ。

APPOINTMENT

(CD 7)

appointment の概念は、a meeting with someone at a certain time and place です。これは要するに、人と何かの目的のために時間や場所を決めて会うことです。

appointment はカタカナで「アポイントメント」と書けば、誰でも知っている言葉です。また「アポをとる」などのように日本語の表現になってしまっています。しかし、英語の appointment の使い方は日本語の人と会う「約束」だけを表すわけではありません。

① **I have to make an *appointment* with the editor.**
編集者と会う約束をしなくては。

② **I have to cancel my *appointment* with the dentist.**
歯医者の予約をキャンセルしなくては。

③ **The *appointment* is for ten in the morning.**
アポは朝10時です。

➡ このような文では前置詞は at ではなく for を使うのが適当です。この場合の for は、以下の文の場合も同じです。at を用いると、その時刻にアポの約束がなされる感じになります。アポの対象となる時刻を表したいので、この場合は for となるわけです。

④ **Mr. Itoh is very pleased with his *appointment* as headmaster.**
伊藤氏は、校長に任命されてたいへん喜んでいる。

⑤ **Treatment is *by appointment only*.**
治療は完全予約制です。

　appointment には「指定」というニュアンスもありますから、By appointment to ～で「～御用達」などという場合にも使われます。

　appointment は appointments というように s をつけて用いると、ホテルなどに備えてある備品や家具などを意味することになります。

⑥ **The hotel has posh *appointments*.**
そのホテルは高級調度品が置いてある。

　appointment よりもっと意味の広い「約束」を表す語としては、promise があります。**promise** は、words said or written, binding a person to do or not to do something という意味です。これを比喩的に用いれば、「これから先の見込み」などを表すことになります。

⑦ **You can trust him. He *keeps his promise*.**
あの人は約束を守るから信用していいよ。

➡ keep one's promise は皆さんもよくご存じのように、「約束を守る」ですね。

⑧ **You *broke your promise*. I don't want to see your**

face.

約束を破ったから、もう顔も見たくない。

➡ keep one's promise のちょうど反対の意味を表すのが break one's promise「約束を破る」です。

⑨ **You *make a promise*?**

約束するか？

➡皆さんよくご存じだと思いますが、念のために載せておきます。「約束する」は make a promise です。

⑩ **I claim your *promise*.**

約束しただろう。

➡相手が約束したことを実行しない場合は、claim を用いて実行を迫ります。

⑪ **Don't count on a man's *verbal promise*.**

男の口約束なんて当てにしちゃダメよ。

➡日本語の「口約束」は verbal promise を用います。

⑫ **I secured his *promise*.**

彼の約束を取り付けた。

➡「誰かの約束を取り付ける」というような場合には、上の例文のように secure という動詞を用いてください。

⑬ **He is a writer of *promise*.**

彼は有望な作家です。

➡このように比喩的に用いられた場合は、promise は数えられませんので注意してください。

⑭ **She has a lot of *promise*.**

彼女は前途洋々です。

➡この場合の promise は、potential に近い意味合いです。

promise をもっと formal な言い方にすれば **pledge** となります。これは選挙の「公約」などという場合に用います。

⑮ **Do you think he will keep his campaign *pledge*?**
あの人は選挙の公約を守るかな。

⑯ **I will leave my watch *as a pledge*.**
時計をカタに置いていきます。
➡お金などがなくて、今度来たときに支払いをする証しとして何か物を預けておくというような場合には、このように pledge を用います。

⑰ **I will *take the pledge*.**
もう酒はやめた。
➡最後に take the pledge「禁酒の誓い」という表現を取り上げておきました。ただし、実際にこの表現を使うときには、冗談半分であることが多いようです。

CD 8

ATMOSPHERE

atmosphere の基本的な概念は、the air in any given place です。つまり、ある場所の空気や雰囲気を表します。この語を天体に用いる場合には「大気」という日本語が適しています。

① **I want to know about the *atmosphere* of the moon.**
月の大気について知りたい。

② **Big cities no longer have a clear *atmosphere*.**

大都市の空気は、今や汚れている。

③ **This room has a damp *atmosphere*.**

この部屋は何かジメジメしているね。

④ **The *atmosphere* is very stuffy in this room.**

この部屋の空気はよどんでいる。

⑤ **The *atmosphere* is very stiff.**

何か堅い雰囲気だ。

➡この例文の場合は、もちろん「気体」としての意味よりも比喩的な意味合いになります。つまり日本語で言う「ムード」を表します。

⑥ **Do you know a coffee shop with a nice *atmosphere* around here?**

この辺で感じのいい喫茶店を知っているかい？

⑦ **I really like the restaurant. The *atmosphere* is very friendly.**

あの店がとても気に入っている。とっても感じがいいんだ。

⑧ **He was brought up in an *atmosphere* of freedom.**

彼は自由の気風の中で育った。

➡日本語の「気風」という言葉も atmosphere で表現することができます。

⑨ **He likes the Oriental *atmosphere*.**

彼は東洋趣味だ。

atmosphere と同じような意味を表す語として **air** があります。しかし、意味の範囲は air の方が atmosphere よりはるかに広く、

慣用句としての表現もたくさんあります。

⑩ **That man has an *air* of *dignity*.**

あの人はどことなく威厳がある。

⑪ **Open the window to let some *air* in.**

窓を開けて空気を入れなさい。

⑫ **The *air* is crisp and cool.**

空気が清々しくて気持ちがいいね。

➡このairは文字どおりその場所の空気を表しています。

⑬ **The *air* is polluted in cities.**

都市部は大気が汚染されている。

⑭ **Kids grow strong in the country *air*.**

子どもは田舎で育つと丈夫になる。

⑮ **Do exercise in the open *air* sometimes.**

たまには外で運動しなさい。

⑯ **It's a beautiful day today. Let's go out and *take the air*.**

とてもいい天気だ。外に出て風に当たろう。

➡ take the air は成句で、「外に出て何かをする」、たとえば「散歩などをする」という意味です。

また、私たちブロードキャスターの間では take the air を「開局」という意味で使うこともあります。

⑰ **My station will *take the air* next month.**

僕の局が来月開局する。

take the air ではなく take air と言えば、「世間に知れ渡る」という意味になりますので、冠詞に注意してください。

⑱ **The story has *taken air*.**

その話は皆の知るところとなった。

⑲ **Are you still *on the air*?**

まだ放送やってるの？

➡ on the air で「放送中」という意味です。日本語でよく使う「オンエア」をそのまま英語にして on air と言わないように気をつけてください。正しくは on the air です。

⑳ **Plans for the summer are still *in the air*.**

夏の計画はまだ決まっていない。

➡ in the air で「物事が uncertain、unsettled である」という意味で使います。この意味では up in the air も同じです。

㉑ **The talks over this year's pay hike are *up in the air*.**

今年の賃上げはまだ未解決だ。

㉒ **Stop it. It's like *beating the air*.**

やめとけ。無駄骨だ。

➡ beat the air で「空を打つ」「無駄骨を折る」という意味になります。

㉓ **I have to *clear the air*.**

誤解を解かなくちゃ。

➡ clear the air で「誤解や疑問を解く」という意味になります。もちろん文字どおり「空気を一掃する」という意味で使うこともできます。

㉔ **I hate to *get the air*.**

しかとされるのは嫌だ。

➡ get the air で、to be ignored つまり「無視される」という感

じです。また「解雇される」という意味でも用いられます。

㉕ **He was goofing on the job, and he *got the air*.**
　やつは仕事をさぼってクビになった。

　また、air を airs というように複数形で用いると「気取り」の意味になります。

㉖ **Stop putting on *airs*.　You are not a queen.**
　お高くとまるのはよせよ。女王様じゃあるまいし。

　air とともに atmosphere と同じような意味を持つ語に **mood** があります。日本語で一般的に使っている語「ムード」は、英語では atmosphere で表せることが多いということは先に述べたとおりです。英語の **mood** は a state of mind at a particular time ですから、「場の雰囲気」よりも「人の気持ち、心の状態」を表す語です。

㉗ **He is in a good *mood* today.**
　彼は今日機嫌がいい。

㉘ **She is in a bad *mood* now.**
　彼女は今機嫌が悪いよ。

㉙ **Mother says she is in no *mood* to cook tonight.**
　母さんは今夜は料理したくないって言っているよ。

㉚ **I'm in no *mood* to work today.**
　今日は仕事をする気になれない。

㉛ **Sorry.　I'm not in *the mood*.**
　ごめん、その気になれない。

➡この表現は使い道が多くて便利ですから、皆さんもいろいろな

状況で使ってみてください。

　話は違いますが、「ムーディー」という語は日本語では一般に良い意味で使われているようですが、英語の moody は「気分屋」「不機嫌」という意味になりますので、くれぐれも使い方には注意してください。

BARGAIN

　bargain の基本概念は an agreement to trade、簡単に言ってしまえば deal と同じ意味になります。この語をカタカナの「バーゲン」の意味でとらえてしまうと、英語としてはまったく使うことができなくなります。

① **Japanese business persons are known for *driving a hard bargain*.**

　　日本人はそろばん高いので知られている。

　➡ drive a hard bargain で、1円でも10円でも自分の得になるように交渉を進めることを意味します。このように bargain は金銭の絡んだ交渉を意味するわけです。金銭のかかわらない「交渉」は皆さんもよくご存じの negotiations になります。したがって賃上げなどの「団体交渉」は金銭が問題となりますから、bargain を動詞として用いて collective bargaining と言います。

② **He struck a *bargain* with Mr. Itoh.**

　　彼は伊藤さんと商談をまとめた。

　➡このように、商談などを「ものにする」という場合には動詞は strike を用います。もちろん strike の代わりに make を使っても同じ意味になります。

③ **We closed a *bargain*.**

　　われわれは契約を済ませた。

　➡商談を「まとめる」というよりも「済ませる」といった感じを

出すには、動詞として close を使います。

今まで見てきた例文の中で「契約」という意味については、bargain を deal に置き換えても同じ意味になります。

④ **She made *a bad bargain*.**
彼女は貧乏くじを引いた。
➡ a bad bargain で、もともとは「自分にとって不利な取引」という意味です。これとは反対に、a good bargain なら当然「自分にとって割りのいい取引」ということになります。

⑤ **It's a *bargain*.**
買い得だ。
➡ a bargain で、very good value for money、つまり「掘り出し物」「買得品」「値段の割りに品質の良い物」を表します。このあたりから日本語の「バーゲン」が生まれたのかもしれませんね。ただし日本語の「バーゲンセール」という言葉をそのまま英語にして bargain sale と言っても通用しません。日本語の「バーゲンセール」にあたる英語は on sale、あるいは sale となります。

bargain は「実際の価値より値引きした物」いわゆる「お値打ち品」を意味しますから、そのような品物を集めてある場所のことを bargain counter と言います。また、アメリカのデパートでは普通は地下にバーゲン品が置いてあります。このことから、そのものズバリ bargain basement という表現があります。皆さんもアメリカに行かれる機会がありましたら、デパートやお店の地下を覗いてみてください。びっくりするような掘り出し物がある

かもしれません。日本のデパートの場合は、バーゲン品売り場が上の方の階にあることが多いですね。このあたりの感覚の違いを比べてみるのも面白いでしょう。

⑥ **It's a *Dutch bargain*.**

酒の上の話だ。

➡日本の英語学習者にはなぜか go Dutch（割り勘）という表現を知っている人が多いですが、英語で Dutch を用いる表現の多くは昔の蘭英戦争の名残りです。このためオランダをけなした表現が多いので、使うときには十分注意してください。たとえば in Dutch は in trouble の意味ですし、Dutch uncle と言えば「口うるさいオッサン」を意味します。また、Dutch courage は酒の上の「から元気」ということになります。

⑦ **If you buy the HDR, I'll *throw* this cable *into the bargain*.**

ハードディスクレコーダーを買えば、このケーブルをおまけにつけちゃいますよ。

➡ into the bargain で、「おまけに」という意味になります。何かをおまけにつけて売るような場合には、動詞の throw を用いて表現します。

⑧ **I bought this one *at a bargain*.**

これは安く買ったんだ。

➡ at a bargain で「正価より安く」という感じになります。

BENEFIT

benefit は何かの得になることです。これは個人的な得、社会的な利益、どちらの場合にも当てはまります。英語で言えば gain in personal or social improvement ということになります。(MONEY の項、profit 参照)

① **I don't see any *benefit* in joining the association.**

　その会に入ることに意義が見いだせない。

　➡ この場合 benefit は自分にとって得になることを意味します。

② **The jury gave the defendant *the benefit of the doubt*.**

　陪審は被告を証拠不十分で無罪にした。

　➡ the benefit of the doubt は日本語ならさしずめ「疑わしきは罰せず」でしょう。

③ **I'm sure Plain English is *of benefit* to every student of English.**

　プレイン・イングリッシュは英語を学ぶ人のためになります。

　➡ of + 名詞で形容詞的に用います。

④ **Do you know swimming has a lot of *benefits* to your body?**

　水泳は体にとってもいいの知ってる?

⑤ **Do you know the *benefits* of walking?**

　歩くことの良さを知っているかい?

⑥ **The pay is very small, but the job has lots of *fringe benefits*.**

給料自体は安いけど、福利厚生が充実している。

➡ fringe benefits は、有給休暇や年金など給与以外に付加されるものを指します。

⑦ **He has not received any retirement *benefits*.**

彼はまだ退職金をもらっていない。

➡ このように benefits と複数形になって、何か与えられるものの種類を表す言葉が付くと、「給付金」や「手当」の意味になります。この例文では、retirement が与えられるものの種類を表しています。

⑧ **The band staged a *benefit* for refugees last Sunday.**

そのバンドは日曜日に難民のための慈善公演をした。

➡ benefit は「慈善興行」の意味でも用います。

⑨ **I would like to *have the benefit of* your advice.**

貴兄のご助言をたまわりたい。

➡ 日本語訳からもおわかりのように、非常に formal な言い回しです。現在、米国などではほとんど使われませんが、覚えておいても損はありません。普通の言い方にするには the benefit of を取ってしまえばいいのです。

benefit に似ている名詞に **advantage** があります。ただし、同じ「得」でも advantage は benefit と違って常に何か比較するものがあります。他との比較においての優位性を表すときに advantage を使います。

⑩ **Good handwriting is an *advantage*.**

字のうまい人は得だ。

➡︎字のうまい人はうまくない人より得だ、優位に立てる、という比較です。

⑪ **Any skill is an *advantage*.**

何でもいいから身につけておくといい。

➡︎さしずめ「芸は身を助く」というところでしょうか。

⑫ **His height is an *advantage* over other players.**

彼は背が高いので、他の選手に比べて有利だ。

➡︎比較の対象には前置詞 over が付きます。

⑬ **He didn't have the *advantage* of school education.**

彼は正規の学校教育を受けていなかった。

➡︎この文も the advantage of の部分がなくても通じますが、学校教育を「良いもの」とし、その恩恵を受けていない、というニュアンスを出す場合はこの例文のようにします。

⑭ **Please enjoy the *advantages* of a luxury car.**

高級車の乗り心地をお楽しみください。

➡︎高級車は大衆車に比べていろいろ良いところがあるので、この advantages の感じがおわかりでしょう。

⑮ **Don't *take advantage of* the weaknesses of others.**

他人の弱みにつけこむな。

➡︎ take advantage of は皆さんもよくご存じの表現ですね。

⑯ **That color *shows* you *to* good *advantage*.**

その色はあなたにとても映える。

➡︎ show 〜 to advantage で「よく見せる」「際立たせる」という意味です。

⑰ **Try to *turn* the problem *to your advantage*.**

その問題を自分のプラスにするんだ。

➡ turn ～ to one's advantage は「～を自分のためになるようにする」という意味です。

CD 11

BREAKDOWN

defectのように元からある欠陥ではなく、今まで正常に機能していたものが突然機能しなくなることを表すのがbreakdownです。動詞breakと副詞downの組み合わせの名詞です。基本動詞breakには「突然」の意味合いも入っていることからも、何の前触れもなく機能しなくなる様子がわかります。breakdownが製品などに使われた場合は、日本語では「故障」、人に使われれば肉体や神経の「衰弱」となります。

また基本動詞breakには、「連続を断つ」という意味も入っていますから、breakdownが交渉や会談などに用いられれば「決裂」を表すわけです。

なお、本書では取り上げていませんが、breakの「一体性を壊す」という意味から、breakdownには支払書などの「内訳」「明細」の意味もあります。

failureは動詞failの名詞形ですから、successの反対語、つまり「失敗」の意味で用いられますが、failureを製品や体の器官に使うと、breakdownと同じように「故障」「不全」を表します。ただし、breakdownのように「突然」という意味合いは入っていません。

breakdown も failure も、to stop working という基本概念は同じです。なお、breakdown は可算名詞として、failure は可算名詞、不可算名詞両方で用います。

malfunction は、動詞、名詞両方で用います。malfunction は、failure と同じく体の器官や機器などが正常に機能しなくなることを表しますが、どちらかというと formal な、あるいは専門的な術語の響きです。

① **Newspapers reported the *breakdown* of the negotiations.**

　新聞はその交渉の決裂を報じた。

② **I had a *breakdown* on the way.**

　途中で車が故障した。

　➡ car がなくても、故障で車が動かなくなることを表します。

③ **I didn't expect the computer *breakdown*.**

　コンピュータの故障は想定外だった。

　➡ breakdown を使うことによって、突然動かなくなった様子が表せます。

④ **The girl experienced a family *breakdown* when she was small.**

　その少女は幼いころに家庭崩壊を経験した。

⑤ **The party was a total *failure*.**

　パーティは大失敗だった。

　➡ この場合 failure は、「故障」の意味ではなく success の反対、つまり「失敗」です。

⑥ **The lady was suffering from kidney *failure*.**

その女性は腎不全を患っていた。

➡ failure が体の器官の不全を表す場合は不可算名詞です。

⑦ **A power *failure* occurred in our area.**

うちの地域で停電があった。

⑧ **The company had a *failure* last year.**

その会社は去年倒産した。

⑨ **They have found a *malfunction* of the navigation system caused the crash.**

ナビゲーションシステムの異常が衝突の原因だったことが判明した。

CD 12

BUSINESS

business は、その綴りからもわかるように、busy という語と深い関係を持っています。つまり business の基本概念は、a thing that one is busy at ということになります。この基本概念から少し発展して something to be done、あるいは単に matter といった意味でも用いられます。多くの日本人英語学習者のように business を「商売」「仕事」とだけ覚えていると、なかなかうまく使いこなせません。

それでは実際に例文を挙げて business の使い方を見ていくことにしましょう。

① **How's *business*?**

儲かりますか？

➡ この文のように business を数えず、冠詞も付けずに用いると「商売の状況」「景気」を表すことになります。

② ***Business* is booming.**

景気は上々です。

➡ booming という語を使うと「ますます良くなっていく」という感じを出すことができます。また、「良い状態」を表す場合なら、booming の代わりに brisk という形容詞を用いることも可能です。

③ **They are doing pretty good *business*.**

あそこは繁盛している。

➡ この文の場合も「商売の状況」を表しているので、business は数えることができません。

上の例文とは反対に「商売が振るわない、思わしくない」というような場合は、次のような表現となります。

④ ***Business* is slow.**

商売が思わしくない。

➡ この文の場合、slow を動詞として使って Business is slowing down. という言い方もできます。しかし、客を相手とするような商売、たとえばレストランとか飲み屋さんなどの場合は、slow を使うよりも quiet の方が感じが出ます。

⑤ ***Business* is quiet.**

閑古鳥ですよ。

⑥ ***Business* is *business*.**

商売は商売(情け容赦してはいけない)。

➡これは Commerce and profit must override personal feelings. という意味です。

⑦ ***Business* before pleasure.**

遊びより仕事。

➡楽しみと自分のやるべき事と、どっちが先かということです。この business は「自分のやるべき事」という感じで、「商売」という狭い意味ではありません。同じような意味を表す表現を挙げておきましょう。

⑧ **Don't mix *business* with pleasure.**

仕事と遊びを一緒にするな。

⑨ **He *knows his business*.**

彼は自分の本分をわきまえている。

➡ know one's business で「自分のやるべき事、務めを心得ている」といった意味になります。

⑩ **Let's get down to *business*.**

仕事に取りかかろう。

➡この場合の business も「やるべき事」「用件」という意味になります。

⑪ **It's *none of your business*.**

君の知ったことではない。

➡この business は「本分」というよりは、もう少し意味が広く「かかわり合いのある事」といった程度になります。

同じような例を挙げておきましょう。

⑫ ***Mind your own business*.**

自分の頭のハエを追えよ。

⑬ **You *have no business* to say that.**

君が言う筋合いのものじゃない。

➡ have no business は「～の権利がない、筋合いではない」という日本語の表現に近いと思います。

⑭ **It's *a bad business*.**

厄介なことだね。

➡ この文の business は matter や event と同じ意味になるので、冠詞が付いています。

⑮ **We don't *do* much *business with* them.**

あそことはあまり取り引きがありません。

➡ 「～と取り引きがある」ということを表現するには、do business with ～を使います。

⑯ **Many big *businesses* are going under in recession.**

不況で多くの大企業が倒産している。

business が「一業種」「一企業」を表す場合には、数えることができます。例えば、「大企業」を一般的に表現するときには、Big businesses now suffer. というように複数形を使います。

business を「企業」という意味に絞れば、よく似た語として **enterprise** があります。たとえば private enterprise と言えば、「民間企業」のことですね。enterprise は、business に比べると堅い響きの語です。

⑰ **Small and medium-sized *enterprises* are doing fine.**

中小企業は好調だ。

⑱ **He has no *enterprise*.**

彼は進取の気性に欠ける。

➡ enterprise のもともとの意味は「何か新しい事に取り組む」ですから、このような使い方もします。

同じ「事業」でも、リスクを含んだ感じのものに **venture** という語があります。この語は皆さんもよくご存じでしょう。

⑲ **Bill has lost his fortune in a *bio-venture*.**

ビルはバイオベンチャーで財産を失った。

⑳ **I said *at a venture*.**

当てずっぽうで言ったんだ。

➡ at a venture で「運任せに、行き当たりばったりに」という意味になります。これは慣用表現なので、覚えておくと便利です。

CD 13

COMPANY

　companyの基本概念はbeing together with anotherで、要するに「人と人が一緒にいること」を表します。もともとは、人と人が一緒にいる状態を表すので不可算名詞として用います。companyを数えると、人の集まりの集合体として「会社」の意味になります。英米の社名には、この「人の集まり」の概念の名残りを残しているものが多くあります。日本でも有名なコンサルティング会社のマッキンゼーは英語ではMcKinsey and Companyで、マッキンゼーとその仲間が作ったというわけです。ですから、「入社」を英語で述べる場合、人の集まりに加わるということでenterではなくjoinを用いるのです。

　また、日本では「わが社」と言う場合、そのままour companyと言いますが、our companyは「私たちと一緒にいる人(々)」という意味になり、英語としては変な感じです。オーナー会社の社長が自分の会社をmy companyと言うのは差し支えありませんが、社員がour companyと言うのはよくありません。「わが社」を英語で言う場合は、"We at 会社名"にするか、目的語ならusにしてください。あるいは社名そのものだけでも結構です。

① **It's bad manners to whisper *in company*.**
　人といるときに、ひそひそ話をするのは失礼だ。

② **Two's *company*, three's a crowd.**
　2人だとよい仲間でいられるが、3人では仲間割れになる。
　➡これは「ことわざ」です。

③ **We will *have company* tonight.**

今晩お客さんだよ。

➡家に客などが来るという場合の「客」は、guest や visitor ではなく company を用います。家族とは異なる人で一緒にいる人ということです。この場合、company は絶対に数えないので注意してください。また、人数は1人でも複数でも関係ありません。

④ **We're expecting *company* now.**

そろそろお客さんがみえるはずだ。

⑤ **I'll stay here and *keep* you *company*.**

私はここに残って君と一緒にいるよ。

➡ keep + 人 + company で、「人と一緒にいる」という意味になります。この場合、「人」は keep の目的語として用いることに注意しましょう。所有格 your を使って your company とすることはできません。

日本語の「会社」「企業」を表す英語には company 以外に firm、business、enterprise、corporation などがあります。**business** は、a particular money-earning activity or place で、shop なども含みます。

⑥ **John has several local *businesses*.**

ジョンは地元でいくつか事業をしている。

・company は a group of people combined together for business or trade です。

・firm は a business company です。比較的小人数の会社、あるいは何人もの弁護士をかかえているような弁護士事務所などには

firm を用います。

・enterprise は an organization for business です。

・corporation は a body of people permitted by law to act as a single person for business purposes with rights and duties separated from those of its members、つまり「法的に一個人と見なされる団体」です。

CD 14

CRIME

crime というのは普通は「法律上の罪」を指します。すなわち法によって罰せられる行為を意味します。それに対して sin は、宗教上、道義上の罪を表します。英語では、この2つは明確にわけられています。(SIN の項参照)

① **Taro Nihon is wanted for the *crime* of murder.**
日本太郎は殺人罪で指名手配中だ。
➡ 当然のことながら殺人は処罰の対象になりますよね。

② **The *crime* rate is skyrocketing in the inner city area.**
スラム街では犯罪発生率はうなぎのぼりだ。
➡ inner city は大都市のスラム街のことです。

③ **A survey says most criminals commit their first *crime* between the ages of fifteen and twenty.**
ある調査によれば犯罪者の大部分は15歳から20歳までに初犯

を犯すそうだ。

　「罪人」という語 criminal が出てきましたので、これに関連した話をちょっとしておきましょう。日本のマスコミも最近では「犯人」という表現は用いず「容疑者」という言い方をしていますね。以前は、マスコミは皆「犯人」という言葉を使っていました。アメリカでは人が何かの容疑で警察に逮捕されたとしても、裁判で有罪にならない限り「容疑者」であって、法律上の「犯人」ではありません。したがって、人が逮捕されたからといって、日本のように社会的に葬られるようなことは絶対にありません。日本では言い方が「犯人」から「容疑者」に変わっても、まだそこまではたどり着いていないようですね。ちなみに英語で「容疑者」は suspect、有罪となった場合には convict となります。さらに「実際に犯行を犯した者」、いわば「真犯人」は culprit です。この **culprit** は比喩的に用いられると「元凶」という意味にもなります。

　You're saying car exhaust is *the culprit of* air pollution?
　（自動車の排ガスが公害の元凶だとおっしゃるのですか）

　さてもう一度 crime に話を戻すことにしましょう。crime は前にも述べたように、普通は「法律上の罪」を意味しますが、比喩的に用いると「けしからんこと」「恥ずべき行為」などの意味にもなります。

④ **You're a student, so it's a *crime* not to study.**
　君は学生なんだから、勉強してないというのはけしからんね。

⑤ **To waste food is a *crime against nature*.**

食べ物を粗末にするのは自然に対する冒涜だ。

➡ crime against nature は法律用語では unnatural sex という意味になりますので、使い方に注意してください。内容につきましては、ご想像にお任せします。

⑥ **War is a *crime* against humanity.**

戦争は人類に対する冒涜だよ。

crime よりもう少し法律上のニュアンスが弱い語に offense があります。**offense** は「違反」という感じです。また、offence は人の感情を傷つけることも意味します。「悪いこと」「悪事」にあたるでしょう。

⑦ **Drunk driving is an *offense*.**

飲酒運転はいけないことだ。

➡ 最近では、drunken driving よりも、この drunk driving が一般的です。

⑧ **Illegal parking is a minor *offense*.**

違法駐車は軽犯罪だ。

⑨ **I *meant no offense*.**

悪気はなかったんだ。

➡ mean no offense で、「悪気がない」という成句です。

また、offense は give offense to という成句で使うこともあります。もちろん私が提唱している Plain English では、give offense to は offend という動詞1語で済んでしまいますが、知っておいて損することはないでしょう。

⑩ **His attitude *gave offense to* the participants.**

彼の態度は参加者の感情を害した。

take offense という成句は feel upset という意味になります。

⑪ **Tom *takes offense* at the slightest criticism.**
トムはささいな批判にもムカッとする。

DANGER

　日本語では danger と risk はどちらも「危険」と訳されるため、日本の英語学習者にとってはこの 2 つの語の違いを理解するのはなかなか難しいようです。

　danger は、危険な状況そのものと覚えましょう。人の命やモノの破壊、損失にかかわるきわめて「危険な」状況です。danger は、そのような状況を指す場合は不可算名詞として用います。danger がそのような状況を引き起こす人やモノを指す場合は、可算名詞として用います。

　danger が「今そこにある危険」を言うということを理解するには、掲示の分野も参考になります。一番差し迫った状況は Danger、次が Warning、その次が Caution、最後が Notice となります。

　risk は、danger に至るような possibility あるいは probability を表しています。つまり、まだ起こっていないのです。これが danger との決定的な違いです。もし何かをすればそれに付いて回る危険性を表します。

　たまに見かける potential risk は、私のような英文ライティングを教える者からすると tautology (同語反復) です。risk には potential の意味合いがすでに入っているからです。

　また、risk は可能性を表すので、どのくらいかという程度を表すこともできます。ですから、risk は low risk、high risk と言えるのです。

　peril はどちらかというと文語的で、長旅などの道中での危険を表します。

hazardは損失や事故などを起こす物理的なモノや状況を指します。

① **It is a job full of *danger*.**
   それは危険に満ちた仕事だ。

② **Now your mother is *out of danger*.**
   お母さんはもう大丈夫ですよ。

③ **Are you aware of the *dangers* of mountain climbing?**
   山登りの危険性はわかっていますか？

④ **The man is a *danger* to society.**
   彼は社会にとって危険な存在です。
   ➡ この場合、dangerを引き起こす人を指します。

⑤ **How much *risk* is there in this kind of surgery?**
   このような手術はどれくらい危険なんですか？

⑥ **Smoking increases the *risk* of developing cancer.**
   タバコを吸うとがんになる危険性が増す。

⑦ **The investment involves high *risks*.**
   その投資はリスクが高い。

⑧ **Swimming *at your own risk*.**
   遊泳は自己責任で行なってください。
   ➡ この掲示があるところで泳いで何かあっても、自己責任です。

⑨ **The captain braved the *perils* of the sea.**
   船長は海の危険をものともしなかった。

⑩ **Drivers had to face the *hazard* of frozen snow.**
   ドライバーたちは、凍った雪道の危険にさらされた。

⑪ **Lung disease is one of the *hazards* of the job.**
   肺がんは、その仕事に伴う危険の1つである。

DECISION

decisionに意味が似ている語には、determination、resolutionがあります。これら3つの語の中で、decisionは最も一般的で意味も一番弱い単語です。decisionには本来いくつかある中から一つに決定するといったニュアンスがあります。しかし意味が弱いといっても、決定の過程にためらいがあるというわけではありません。言い換えれば、decisionはその決定の過程においてchoiceに非常に近いと言えます。

determinationはdecisionよりも意味が強くなり、will power（意志力）を表します。つまり、decisionよりはもっと意志面、精神面が強調されるわけです。decisionとは異なり、主に不可算名詞として用いられます。

resolutionは3つの中で最も意味が強い単語です。またdeterminationよりもっと具体的になります。たとえば日本語で「一年の計は元旦にあり」と言いますが、この「一年の計」は、口に出したりして具体化した形になった決定ということで、英語ではresolutionとなります。

① **You want to buy this amplifier? It's a good *decision*.**

このアンプがご所望ですか？ とても結構な選択です。

➡「お買得」という意味ならばIt's a good buy.とも言えますが、この文では「いろいろある中からこれを選んで正解」という意味でdecisionを使っています。また、ここでは特に「意志力

が要る」と言うほどのものではないので、determination ではなく decision です。

② **In Saturday's bout, Tom gained a *decision* over Jerry.**

土曜の試合で、トムはジェリーに判定勝ちした。

➡ boxing の判定勝ちは、上の文のように decision を使います。

③ **The court handed down a *decision* on the pay off case on Monday.**

その収賄事件の判決が、月曜日に言い渡された。

➡ このように裁判の判決も decision で表します。

④ **To quit smoking takes a lot of *determination*.**

タバコをやめるには、かなりの決断が必要だ。

➡ この文では decision は使えませんが、determination を will power に置き換えることはできます。なぜなら、「やめるぞ」というのは、かなりの意志力が要求されるからです。このように感情面、精神面が強調される場合は determination を使います。この場合、不可算名詞です。

⑤ **Nothing can weaken my *determination*.**

何事も私の決意は変えられない。

➡ ここでは決意の強さを問題にしているので change ではなく weaken を使っています。

⑥ **The conference adopted a *resolution* on the issue.**

(会議は)その問題に対しての決議を採択した。

➡ 「決議」というものは文章になっています。このように具体的な決定に対しては、resolution が使われます。

⑦ **I made a *resolution* to get up at six.**

私は(毎朝)6時に起きる決心をした。
➡強い決意のほどを resolution が表しています。

DEFECT

　defect も fault も、英和辞典では「欠点」「欠陥」「短所」という訳語が載っていますが、英語としては使い方や意味合いが異なります。

　まず見出し語の defect ですが、何かが正常に機能しないことを表します。そして、これが defect と fault の決定的な違いですが、defect は、正常に機能しない原因が物の製造過程にあることを含んでいます。ですから、何かの拍子に壊れたのではなく、もともとの製品などに初めからあった欠陥に対して defect を用いるのです。言い換えれば、defect は製品が正常に機能しないことを指します。ですから、欠陥商品のリコールなどの際には必ず defect を用います。

　もし defect を人に対して用いると、その人に生まれつきあるような欠陥を指していることになります。生まれつき聴覚障害があれば a hearing defect です。ちなみに defect は、可算名詞として用います。

　fault は、defect とは異なり、製造過程の意味合いはありません。要は、悪い部分を指します。

　fault が defect と異なる点は、fault は人の性格上の欠点、あるいは何か悪い事が起きた場合の責任の所在を表すところにあります。なお fault が物の悪い部分や性格上の欠点を表す場合は、不可算名詞として用います。

flawは、faultやdefectと比べると弱い意味での悪いところを表します。faultやdefectがあれば正常に機能しなくなりますが、flawはそれほど深刻ではなく、100パーセントではない感じを表します。

年号が2000年に変わるときに騒がれたコンピュータのいわゆる2000年問題は、英語ではglitchを用いていました。millennium glitchです。glitchもdefectやfaultに比べるとminorな感じです。同じようにコンピュータで用いられるbugも、small faultという感じです。

日本人が短所の意味で好んで用いるshortcomingは、英語ではそれほど強い語感はなく、水準以下という感じです。また通常、複数形で用います。

① **The secret of a good marriage is to accept each other's *faults*.**

夫婦円満の秘訣は互いの欠点を受け入れることだ。

➡この文の場合は、faultの代わりにdefectを用いることはできません。

② **Tom has many *faults*, but dishonesty isn't one of them.**

トムはどんな欠点があるにしても不誠実なところはない。

③ **Sorry, it was my *fault*.**

ごめん、私のせいでした。

➡この文では、faultはresponsibilityの意味です。

④ **A *defect* in the gas pedal has caused many accidents.**

アクセルの欠陥で多くの事故が起きている。

⑤ **This software program checks the hard disk and finds *defects*.**

このソフトはハードディスクをチェックして不具合を見つける。

⑥ **The girl has a speech *defect*.**

その女の子は言語障害がある。

⑦ **This vacuum cleaner has one *flaw*. It is so noisy.**

この掃除機は、うるさいのが玉にキズだ。

⑧ **The program has so many *bugs*.**

このプログラムはやたらにバグが多い。

⑨ **The plan has a few *glitches*.**

この計画にはいくつか問題がある。

CD 18

DEMAND

demand は、動詞としての基本概念は to ask for as a right or need です。名詞で用いても同じような意味合いです。また、demand が買い手の要求、つまり「需要」の意味の場合は不可算名詞になります。demand を数えると一般的な「要求」の意味になります。

「要望」は名詞としてなら request を使います。demand は強い表現なので、強く押しているというニュアンスになり、あまりよい印象を与えません。

では、「要求する」にあたる語の強さの違いを説明しましょう。request は動詞、名詞どちらで用いても formal な感じです。もし、もう少しやわらかい、あるいは日常的な言い方をする場合は、ask for が適当です。demand は request や ask for に比べて非常に強い感じ

になります。

① **Management rejected the union's *demand* for a pay raise.**
会社側は組合の賃上げ要求を拒否した。

② ***Demand* determines production.**
生産は需要によって決定される。
➡ demand に冠詞を付けてはいけません。

③ **Management has disregarded the union's *damands*.**
経営者側は、組合のいろいろな要求を無視してきた。

④ **The government is trying to map out measures to boost domestic *demand*.**
政府は内需拡大政策を検討中である。

⑤ **High-tech engineers are much *in demand*.**
ハイテク関連のエンジニアはひっぱりだこだ。
➡ in demand で、「需要がある」「求められている」という意味になります。

⑥ **It is payable *on demand*.**
これは要求払いです。
➡ on demand と言うと、whenever it is asked for という意味になります。

⑦ **It's against the law of supply and *demand*.**
需要と供給の原則に反している。

⑧ **I can't satisfy all your *demands*.**
君の要求をすべて満たすことなどできない。

DESTINY

　英和辞典では、どちらも同じ「運命」という訳語が当てられている destiny と fate ですが、実際の英語としては、果たして同じ意味でしょうか。実は destiny と fate は、英語での意味合いはかなり異なります。

　destiny は、同じ語根からなる destination が「目的地」という意味であることからもわかるように、割と positive な感じの語です。

　それに対して fate は、派生語の形容詞 fatal の「死に至る」という意味からもわかるように、どことなく negative な響きで、死や最期を暗示するような語です。

　Paul Anka が歌って大ヒットした『You are my destiny』は、上記の違いを反映しています。口説かれる女性は、destiny の代わりに fate を使われたら、いい気持ちがするはずがありません。fate では、どうしようもない腐れ縁の意味になってしまいます。

　日本語の辞典ではまず言及されていませんが、destiny も fate も大きなくくりではこれから先の事を指しているので、destiny も fate も英語の辞典では future の同義語の部類に入ります。

　lot も英和辞典では「運命」と訳されていますが、lot は同じ運命でも実際の身の上や暮し向きを表します。つまり、これから先の事というより、今、自分が置かれている境遇の意味です。

① **You are my *destiny*.**
　　君はぼくの運命の人だ。

② **The nation's *destiny* depends on the government.**
その国の命運は政府にかかっている。

③ **Do you think you can control your *destiny*?**
自分の運命を自分で操ることができると思う?

④ **You can't fight against *Destiny*.**
運命の神にはあらがえないよ。

➡ destiny がこのように大文字かつ無冠詞で用いられると、「運命の女神、神」を表します。

⑤ **The nation is demanding the right to decide its own *fate*.**
その国は、自国の運命を決める権利を要求している。

⑥ **His *fate* is still unknown.**
彼の生死はまだ不明だ。

⑦ **It was his *fate* to die in combat.**
戦死するのは彼の運命だったんだ。

➡ in combat で、「戦闘中に」という意味です。

⑧ **The man *met his fate* in the city.**
彼はその町で最期を遂げた。

➡ meet one's fate で、「最期を遂げる」「死ぬ」という意味を表します。

⑨ **They were on the same airplane *by a twist of fate*.**
彼らは、運命のいたずらで同じ飛行機に乗り合わせた。

➡ by a twist of fate で、「運命のいたずら」を表します。

⑩ **I'm happy with my *lot*.**
私は自分の境遇に満足している。

➡ この lot は、life に置き換えても意味は同じです。

CD 20

DUTY

　duty の基本概念は what a person ought to do です。日本語の「義務」という訳は、それこそ duty のごく一部分を表しているにすぎません。

① **Everyone has a *duty* to his or her country.**
　人は皆、自分の国に対して義務がある。

② **He doesn't have any sense of public *duty*.**
　彼はまったく公徳心がない。

➡ この文の場合、duty は to do what is right ということを意味します。これは好き嫌いにかかわらず「道徳上などの理由でしなくてはならない事」を表します。

③ **Do you know the *duties* of a restaurant manager?**
　レストランの支配人の仕事が何なのか知っているか？

➡ この場合、duty は「仕事の立場上、いろいろしなければならない事」を指しています。このような意味合いで duty を使うときは、普通複数形で用いますので注意してください。人がある業務に就いたら、普通やるべき事は1つだけではありませんよね。

④ **He is *on night duty*, tonight.**
　やつは今夜は夜勤だ。

➡ このような場合、duty は shift と言い換えても同じ意味になります。ただし、shift は数えられる名詞なので、使うときには冠詞を付けるのを忘れないようにしてください。

⑤ **You should *pay your duty to* him.**

彼に敬意を表しなさい。

➡これはちょっとあらたまった言い方で、ふつうは duty の代わりに respect を用います。

⑥ **The kids were playing "chambara" with broomsticks *doing duty for* swords.**

子どもたちは、ほうきを刀代わりにしてチャンバラごっこをしていた。

➡ do duty for 〜で「何か物の代わりになる」という意味です。

⑦ **I want to do some *duty-free* shopping.**

何か免税品を買いたい。

➡ duty free はもう皆さんよくご存じでしょう。もちろんこの duty は関税のことです。

duty と同じような意味を表す語には obligation があります。**obligation** には、what is required at a particular time by custom or an agreement という意味合いがあります。この語は duty よりもっと特定の事、たとえば契約などによって生じる責務などを表すときに用います。

⑧ **Paying taxes is a citizen's *obligation*.**

納税は市民の義務である。

➡この文の場合は、duty より obligation を使った方がしっくりします。なぜなら納税は心の中の問題というより、もっと現実的な市民としての義務だからです。要するに、obligation は duty よりもっと practical なのです。この文の場合、obligation を duty で言い換えれば a duty under the law となります。

⑨ **I don't have any *obligation* to him.**

彼には何の借りもない。

➡ この場合、以前に何か恩を受けたなどの負い目(obligation)がないことを表しています。

⑩ **The company couldn't *meet their [its] obligations*.**

その会社は負債の返却ができなかった。

➡ meet one's obligations で「責任を果たす、借金を払う」という意味になります。

⑪ **Sometimes you have to think about your family *obligations*.**

たまには家の事も考えろ。

➡ 「家族に対して行わなければならない事」は family obligations で表すことができます。

⑫ **We are *under no obligation* to pay the money.**

われわれにはその金を払う義務はない。

➡ 海外旅行などで何か不当な支払いを要求された場合、こちら側に何の義務もないときには、このような毅然とした言い方もできますので、覚えておくとよいでしょう。

responsibility は、上記のような duty や obligation が生じている「状態」を表します。日本語訳では、これら3つの語はすべて同じ意味になっていることが多いようですが、duty や obligation は「業務」や「責務」そのものを指し、responsibility はそうした「業務や責務が存在する状態」を指すのです。別の言い方をすれば responsibility の中に duty や obligation があるといえます。もう少し付け加えると duty も obligation もどちらかと

いえば「これからやる事」を表しますが、responsibilityの場合はanswerのニュアンスも入っているので、「何かやった事に対する答え」つまり日本語的にいえば「責任を取る」という意味も表します。

⑬ **Now you are a manager. You have great *responsibility*.**
今やマネジャーだから責任重大だよ。
➡つまりマネジャーにはduties や obligations がいっぱいあるわけです。

⑭ **You did that. You have to *take responsibility* for it.**
君がやったのだから、君が責任を取るべきだ。

⑮ **The politician didn't *admit his responsibility*.**
その政治家は自分の非を認めようとしなかった。
➡ admit one's responsibility で「自分が悪いと認める、非を認める」という意味になります。この場合は、responsibility には必ず所有格が付きます。

⑯ **I did it *on my responsibility*.**
私の責任においてそれをした。
➡ on one's responsibility で「独断で、自分の一存で」という意味になります。

⑰ **He has a strong sense of *responsibility*.**
彼は責任感が強い。

⑱ **Don't worry. This is my *responsibility*.**
これは私の責任だから君は心配するな。

EFFECT

effectの基本概念は、something that happens because of something elseで、しかもそれがdirectlyあるいはimmediatelyに起こる場合に使います。

日本の英語学習者の中にはeffectとaffectを混同する方がよくいますので注意が必要です。effectが名詞として用いられる場合には前述の基本概念の意味合いになります。これに対してaffectは、to have an effect onという意味を持つ動詞です。しかも、affectは多くの場合、The president's scandal didn't affect the comapny's sales.（社長のスキャンダルは社の売上に響かなかった）というように、「悪い意味での影響」という意味を含んでいます。

effectが、名詞ではなく動詞として用いられたときは、to causeの意味になります。

The new manager has effected a few big changes in the way the business is run.

（新しいマネジャーは商売のやり方をいくつか大きく変えた）

いかがですか。くれぐれもeffectとaffectを混同しないように、しっかりと使い方を覚えておいてください。

① **This medicine will *take effect* at once.**

　　この薬はすぐに効き目が現れる。

　　➡ take effectで「効力を発する、効く」ということです。しかしPlain Englishでは、このような場合には名詞句を使わずに動

詞を活かして次のようにします。This medicine will work at once.

② **When will this rule *go into effect*?**

この規則はいつから実施になるの？

➡この effect の場合は、validity という意味になります。このようなときには、さすがに work という動詞１語で言い換えることはできません。

③ **The book *had* quite *an effect on* her.**

その本は彼女に多大な影響を与えた。

➡この have an effect on 〜という形が、「〜に影響する」という場合に最もよく使われる言い方です。

④ **The lighting gave the *effect* of a rainbow.**

照明は虹の効果を出した。

➡映画・舞台における音響や光などの特殊効果を effect と言うことは、みなさんもよくご存じですね。

⑤ **That will *have* no adverse *effect on* our sales.**

それは売上げに悪影響は及ぼさない。

➡上記の文も Plain English としてならもっと具体的に That will not reduce our sales. と言うべきなのですが、effect の例文として挙げておきました。

⑥ **His *personal effects* were returned to his family.**

彼の遺品は家族に返却された。

➡ effect が個人の所有物を意味する場合には、この文に見られるように必ず複数形になります。また、effects はある時点において、その人が持ち合わせていた「所持品」という意味なので、「所有物」と言っても「財産」などとは少し違います。

EVIDENCE

evidenceは、日本語に訳すと「証拠」ですが、この語の持つニュアンスを厳密に伝えれば「ある程度疑問の余地を残した証拠」となります。つまりevidenceは、ある事柄の真偽を示すような事実を意味しますが、絶対的な証明にはならないのです。evidenceは不可算名詞です。

① **The chocolate on her face was *evidence* that she had eaten the one in the fridge.**

顔にチョコレートがついていたので、彼女は冷蔵庫の中のものを食べたのだろう。

➡この場合、実際に彼女が食べたチョコレートが冷蔵庫のものであったという確証はどこにもありません。ですからevidenceを使っているのです。

② **Do you have any *evidence* that I did it?**

私がやったという証拠でもあるのか?

➡これもまた相手に対して完全な証明を求めているわけではないので、evidenceを用います。

③ **The test results are *evidence* that you have worked hard.**

試験の結果を見れば、君がよく頑張ったことはわかるよ。

➡この文をPlain Englishで言うなら、The test results show that 〜で済んでしまいますが、evidenceを使って上記のように

言うこともできます。

④ **Your garlic breath is *evidence* that you have had "gyoza."**

ニンニク臭いぞ。餃子を食べたな。

➡この例文の場合には、breath（息）を使っているので、show は使えません。またニンニク臭くなるのは餃子を食べたときだけとは限りませんので、多少の疑問を残す語 evidence を使うことになります。

さらに evidence は、次のように apparent の意味で使われることもあります。

⑤ **Prosperity is much in *evidence* in the area.**

そのあたりが潤っているのは目に見えてわかる。

さて、evidence より完全無欠の証拠を表す言葉は proof です。**proof** という言葉の持つニュアンスは「疑問の余地のないほど完璧」ということです。しかし、日常的には evidence と proof とはほぼ同じような使い方がされています。

⑥ **Your receipt is *proof* that the letter was delivered all right.**

この受取り（受領書）を持っていると、手紙がちゃんと郵送されたという証拠になります。

➡ここでは後で何か問題が生じた場合、受取り（受領書）は完璧な証拠となりますので、evidence ではなく proof を用います。

⑦ **Is it just a guess or do you have any *proof*?**

単なる推測か、それとも何か証拠でもあるのか？

➡この文もまた、evidence より強い調子を持つ proof を用いています。

　前にも述べたように、proof にはもともと「完全」という意味合いがあるので、「完璧なものを作る手段」という意味で使われることもあります。例えば印刷なら「校正刷り」、写真なら「試し焼き（ベタ）」といった具合です。また、このような場合 proof は数えることができます。

⑧ **Has the author corrected the *page proofs*?**
　著者校は終えたか？

⑨ **Do you need a *proof* of the negative?**
　このネガのベタ要る？

　proof はお酒の強さを表すのにも用いられています。ちなみに 100 proof というのは、水とアルコールの比率が 1 対 1 であることを意味します。日本の度数は、数え方の基準がアメリカとは少し違うようです。

⑩ **This brandy is *90 proof*.**
　このブランデーは 90 プルーフだ。
➡この場合、日本の度数で言うと 45 度ぐらいでしょうか。

　evidence、proof の同義語に testimony があります。**testimony** は、「ある事が真実であるか偽りであるかを証明する言動」を意味します。ですから、裁判での「証言」には testimony が用いられるのです。

⑪ **John gave *testimony* that Sue was with him at**

home all day.

ジョンは、スーが一日中彼と一緒に家にいたと証言した。

⑫ **This is my *testimony* of love to you.**

これは君への愛の証しだ。

➡たまにはこんなことを言って、気取ってみるのも悪くないかもしれませんね。

FEELING

feeling は「何かについて感じる精神的な状態」を表します。feeling のもとになっている動詞 feel の基本概念は to touch and sense なので、もちろん feeling も「肌触り」や「感触」を意味します。

① **The girl is guided by *feeling* not by reason.**
あの子は理性より感性で動いている。
➡ この場合の feeling は、日本語にすると「感」といったところでしょうか。この例文は理性・理屈ではなく、もっと感覚的なところに行動の基準があるというような意味です。この場合、feeling は数えることができません。

② **She didn't *have* any *feeling for* him.**
彼女は彼にまったく同情しなかった。
➡ この場合の feeling は、他の英語に置き換えれば pity や sympathy となります。この場合も、feeling は数えることができません。

③ **He didn't show his *feelings* at all.**
彼は感情をまったく表に出さなかった。
➡ この場合は日本語で言うと「感情」とでもなりますか。このように自分の気持ち(喜怒哀楽)などを表すときには、feelings というように**複数形**を用います。

④ **I can't put my *feelings* into words.**
感情は言葉では表せない。

⑤ **You hurt her *feelings*.**

君は彼女の心を傷つけた。

⑥ **The guy has lost all *feeling* in his hands.**

男は手の感覚がまったくなくなった。

➡このように feeling が the sense of touch を表す場合は、数えることができません。

⑦ **The political party is trying to develop a *feeling* of national unity.**

その政党は国民の団結を目指している。

➡この場合の feeling は、idea あるいは attitude と同じような意味で使われています。

⑧ **She has *mixed feelings* about him.**

彼女の彼に対する気持ちは複雑だ。

➡ mixed feelings とは、物事に対して良い面と悪い面、人に対してなら好きな部分と嫌いな部分両方の気持ちという意味です。日本の英語学習者は、このような場合 ambivalence という語を使いたがるようですが、気持ちを表す場合には mixed feelings で十分です。

feeling と似ている名詞に feel があります。つまり **feel** という動詞は、そのままで名詞として用いる場合と feeling となる場合があるのです。名詞 **feel** は「感情」ではなく、日本語で言う「感じ」すなわち「カンをつかむ」の「カン」にあたります。

⑨ **The little girl has a *feel* for music.**

あの子は音感がいい。

➡このような場合には日本語で「センス」とでも言った方がよい

でしょうか。

⑩ **I didn't play golf for a long time. It takes some time to *get the feel* back.**

　長いことゴルフをやっていないから、カンが戻るまでにちょっとかかる。

⑪ **Just stay there for a week, and you can *get the feel* of the place.**

　1週間いればどんな場所かわかるよ。

　「感情」としてfeelingがもっと強くなると**emotion**になります。日本語の「感極まる」という場合はfeelingではなくemotionを使います。

⑫ **Jane was talking about the accident, in a voice touched with *emotion*.**

　ジェーンは感極まった声で事故のことを話していた。

　➡ a voice touched with emotionと言うと、声がかすれるとか、ちゃんと話すことができないなどというように、感情がかなり高まった状態を意味します。

⑬ **The mother was overwhelmed with *emotion* and couldn't talk.**

　母親は感極まって言葉が出なかった。

⑭ **Don't be carried away by *emotion*.**

　一時の感情に流されないように。

　➡このように感情が高揚した状態を表す場合には、emotionは普通数えることができません。

⑮ **He tried to hide his *emotions*.**

彼は感情を表に出すまいとした。

➡ この emotions は feelings と同じです。この場合の emotion は数えられます。

emotion がさらに強くなると **passion** になります。自分ではどうすることもできない状態を表すときには passion を用います。しかし、passion には「性的な意味合い」もありますので、やたらと多用しない方がよいでしょう。

⑯ **My *passion* for audio never ends.**

私のオーディオ狂いはとどまるところを知らない。

➡ このように、物事に対する強い興味を表す場合には passion を用いてもかまわないのですが、次のような意味もありますから時と場所を選んで使ってください。

⑰ **I couldn't hide my *passion* for the girl.**

…したい気持ちを隠せなかった。

(CD 24)

FIGHT

fight は争い、戦いを表す最も一般的な語です。fight の基本概念は a struggle for victory or mastery で、勝利や何か得るものを求めて頑張ることです。

① **You'll really *go for a fight*?**

本当にやる気か？

➡ go for a fight で「けんかをする」という強い意味になります。

② **Please join the *fight* against cancer.**

がん撲滅に参加してください。

➡ この場合の fight は、drive あるいは campaign と同じ意味ですが、fight の方が「がんに対する闘い」という意味が含まれ、「撲滅」といった感じがよく出ます。

③ **It's a *fight* between life and death.**

生と死の戦いだ。

④ **Don't worry. It's just a *sham fight*.**

心配するな。ただの練習だよ。

➡ a sham fight で「模擬戦」という意味です。

⑤ **Let's have a *pillow fight*.**

枕合戦やろうぜ。

➡ 日本でも修学旅行などで枕投げをやるようですが、英語にも同じような表現があるのです。

⑥ **You sometimes have to *show fight*.**

たまには闘志を見せろよ。

➡ この show fight は「戦意、戦う意志を表に出す」、という意味です。こうした場合 fight はひとつひとつの戦いではなく、the power or will to fight という意味を表しているので、不可算名詞で、冠詞も何も付きません。注意してください。

⑦ **There's *fight* in him.**

彼には戦う気が残っている。

⑧ **He's got a lot of *fight* in him.**

彼は闘志満々だよ。

⑨ **We had a *fight* over the new project.**

例の新しいプロジェクトのことで激論になった。

➡このように fight は文脈によって、肉体的な戦いだけでなく激しい口論の意味でも使われます。ただし、通常は口頭でのけんかは quarrel を用い、fight は腕力によるけんかに用います。

⑩ **Never *pick a fight with* him.　You will be killed.**

絶対やつにけんかを売るなよ。殺されるぜ。

➡ pick a fight with ～で「けんかをふっかける、売る」という意味です。もちろんこの場合は腕力によるけんかです。口でなら pick a quarrel with ～となります。この場合は show fight と違い、fight に a がついていることに注意してください。

fight と同じような意味を表す語に battle があります。fight は独りで頑張っている場合もありますが、**battle** は通常 a fight between two persons or animals という概念になります。

⑪ **Kelly is driving a *one-man battle* against gobbledygook.**

ケリーは、わけのわからない英語をなくすために孤軍奮闘している。

➡ gobbledygook は Plain English の反対、「何が何だかわけがわからない英語」を意味します。この文のように「独りの戦い」を明確に表現したい場合には、one-man battle とします。

⑫ **They are *fighting a losing battle*.**

やつらは負け戦をしている。

⑬ **The President is doing an *uphill battle* for tax reform.**

大統領は税制改革に苦戦している。

➡この例文の場合、an uphill battle で苦しい戦いの意味合いが出てきます。

⑭ **He was killed *in battle*.**

彼は戦死した。

➡ be killed in battle で「戦死」という意味になります。

⑮ **They are *doing battle over* the tax bill.**

税法案をめぐって争いが続いている。

➡ do battle over 〜で、「〜をめぐって争う」という成句になります。

⑯ **Making example sentences is *half the battle*.**

例文ができれば、もうできたも同じ。

➡ be half the battle で、「一番肝心な部分をやり終える」という感じが出ます。

⑰ **If you want to make the cheese cake, use this brand of cheese. That's *half the battle*.**

このチーズケーキは、このブランドのチーズを使うことが肝心です。

⑱ **It's going to be a *battle* for life.**

命懸けの戦いになるよ。

⑲ **There was a *street battle* yesterday.**

昨日、市街戦があった。

➡ a street fight とすると、兵士などによる戦闘ではなく、殴り合いなどのけんかという意味になってしまいます。

「戦い」を意味する語では、他に combat があります。**combat** は本来、armed forces or men つまり武装した者同士が戦うこと

を意味します。

⑳ **Tom was wounded *in combat*.**

トムは戦闘中に負傷した。

➡ in battle と違い、in combat といえば、「実際の戦闘中に」という意味になります。つまり combat は fighting in a war と言い換えることもできるのです。

㉑ **He was sent into *combat*.**

彼は前線に送られた。

➡要するに「実際の戦闘の場に送り込まれた」という意味です。ですから軍隊などでは、実際に戦闘に従事する部隊を combat troops といいます。

(CD 25)

FORECAST

　企業研修をしていると、よく受講生から forecast と prediction の違いを質問されます。結論から言えば、この2つの語は大差はありません。しいて違いを挙げるとすれば、一般的な使われ方としては、prediction の方が forecast より漠然とこれから先の事を表す語として用いられるところです。

　気象学の分野では、forecast はある決まった時、たとえば明日とか明後日の天気などを表す場合に用いて、prediction はもう少し長い期間にわたる降水量などを表す場合に用いられるようです。

　また、prediction は個人の経験やカンに基づいてこれから先の事を

予想する場合に用いる場合が多く、forecast は個人というよりはある機関や団体が何かの手法を用いて公にこれから先の事を予想する場合に使われます。

見方を変えれば、prediction をする人がその分野では権威であるとあなたが信じている人であれば、より重要性を増すとも言えます。

いずれにしても、forecast も prediction も予想と結果がずれていても誰も文句は言えません。信じる方に責任があるからです。

forecast や prediction と異なり、estimate を用いた場合は話が違います。estimate は、ただ予想するのではなく calculation（算出）の意味合いが入っているので、estimate を出す人はそれなりの責任が伴います。estimate が外れたら、それを出した側が非難されます。

同様に、projection もデータを基に算出した予想なので、外れたときは出した側に責任があります。

① **The weather *forecast* says that we will have clear skies tomorrow.**

　天気予報では明日は快晴だそうだ。

　➡空模様は skies と複数形になることに注意してください。

② **The government has issued a pessimistic *forecast* about the economy.**

　政府は悲観的な経済予測を発表した。

③ **His *prediction* has proved wrong.**

　彼の予想は結局間違っていた。

④ **My *prediction* is that the economy will pick up this year.**

　私の予想では、景気は今年上向くと思う。

⑤ **The agency's *prediction* of the quake came true.**

その機関の地震予測は現実になった。

➡ prediction で、かなり先の予想の意味合いです。

⑥ **Give me a rough *estimate* of the cost.**

コストがどれぐらいかかるか大体の見積りを教えてください。

➡ この場合の estimate は quote と同じです。

⑦ ***One estimate suggests* that the number of quake victims will be more than 200,000.**

推定では、地震の被害者は20万人を超える見込みだという。

⑧ **According to the government's *estimate*, five million jobs will be lost.**

政府の試算では、500万件の雇用が失われるとのことだ。

⑨ **The government *projection* is that the economy will grow by two percent next year.**

政府は、来年は2パーセントの成長が見込めるとしている。

(CD 26)

FUN

楽しみ、娯楽を表す一番一般的な語としては fun があります。fun の基本概念は enjoyment、文字どおり「楽しみ」です。また、fun はどんな場合でも不可算名詞として用いられるので、決して a などの冠詞を付けてはいけません。

fun に satisfaction(満足)の意味が加わったものに pleasure があり

ます。pleasure は、不可算名詞、可算名詞両方として用いられます。また pleasure は、「仕事」との対比で用います。fun は、仕事との対比で用いることはありません。

① ***Have fun*!**

　楽しんでね。

　➡これは Enjoy yourself! と言っても同じことになります。

② **Let's *have fun*.**

　盛り上がろうぜ。

　➡パーティなどを始めるときによく使う表現です。この場合、fun の代わりに a good time と言っても同じです。

③ **Let's *have some fun*.**

　何か面白いことをしよう。

　➡このように fun の前に some がつくと、have fun だけのときとは少しニュアンスが違ってきます。

④ ***What fun*!**

　なんて楽しいの！

　➡自分自身の「楽しい気持ち」を表す場合には、この表現を使ってください。

⑤ **I *had* a lot of *fun* at the party.**

　パーティはとっても楽しかった。

　➡このような場合には、had a wonderful time と言い換えても同じことになります。

⑥ **She is *fun to be with*.**

　彼女は(一緒にいて)とても楽しい人よ。

　➡fun はこのように、fun の対象となるものを表すこともできま

す。その場合でも絶対に数えてはいけません。

⑦ **He is doing it *for fun*.**

彼は面白半分にそれをやっているんだ。

➡ for fun には上の文のように日本語で言うところの「面白半分」と、もっと純粋に「楽しみ」を意味する場合がありますので、文脈から判断するように注意してください。

⑧ **I'm teaching *for fun*, not for money.**

金のために教えてるのじゃなくて、好きでやってるんだよ。

⑨ **Stop *making fun of* your brother.**

弟をからかうのはよしなさい。

➡ make fun of を他の表現で言い換えるとすれば、ridicule といったところです。

⑩ **Studying is *fun* for her.**

勉強も彼女にとっては楽しい。

➡この場合、fun の代わりに pleasure は用いられません。

⑪ **Are you in Tokyo on business or *pleasure*?**

東京へは仕事ですか、それとも休暇でいらしてるんですか？

➡この場合、仕事との対比なので pleasure の代わりに fun を用いることはできません。

⑫ **Don't mix business with *pleasure*.**

仕事と遊びを一緒にするな。

➡この場合も、上の例と同様に pleasure の代わりに fun を用いることはできません。

amusement も楽しみを表す語ですが、どちらかというと公共性がある楽しみの場合に用いることが多いようです。その場合、

複数形で用いるのが普通です。

⑬ **That resort has lots of *amusements*. Wind surfing, snorkeling and sailing, to name a few.**

あのリゾートでは、ウインドサーフィンやシュノーケリング、ヨットなど、いろんな娯楽がある。

fun と同じような意味を持つ語としては sport があります。sport の基本概念は any kind of enjoyable activity ですが、これには skill や多少の physical exercise が必要になります。

⑭ **Football and basketball are my favorite *sports*.**

フットボールとバスケットボールが私の好きなスポーツです。

➡このような sport の使い方は皆さんもよくご存じですね。それでは、皆さんがあまりなじみのない使い方の例もいくつか挙げておきましょう。

⑮ **His way of talking is a source of *sport* to them.**

彼の話し方が、彼らには笑いの種なんだ。

➡このような文脈で使われる sport は、日本語のスポーツとはだいぶ意味合いが違いますね。

⑯ **Dogs fight *in sport*.**

犬はじゃれるものさ。

➡この場合の in sport は、fun と同じ意味になります。

⑰ **He says making money is the finest *sport* in the world.**

金儲けが一番の楽しみだと彼は言う。

➡ the finest sport は「一番の楽しみ」とか「醍醐味」といった感じです。

HEART

　日本語の「こころ」という言葉も、英語で表すときには状況に応じて単語を使い分けなければいけません。heart の場合は feelings に関係する「こころ」です。つまり感情を表したいときには heart を用います。heart は頭で考えてもどうにもならない部分ですから control したりすることはできません。

　mind は reasoning に関係がある「こころ」です。要するに頭で考えられる部分です。つまり決心、決断などは mind でするのです。

　mind よりも深く根本的な部分の「こころ」は **soul**、**spirit** です。宗教、文化などは soul、spirit に関係し、mind や heart の問題ではありません。

① *Have a heart*, John.　Let her do that.

　　いいじゃないか、ジョン。彼女にそうさせてやれば。

　➡ have a heart は「心を広く持つ」という意味です。

② *Eat your heart out.*　This is the best amplifier I have ever had.

　　うらやましいだろ。これは今までで最高のアンプだぜ。

　➡ eat one's heart out は「嫉妬・羨望などのために心を痛める」という意味です。

③ He is putting *heart and soul* into the project.

　　彼は全身全霊でその事業に打ち込んでいる。

　➡ この heart and soul は、「全身全霊で」という意味の副詞句に

なります。

④ **He is kind *at heart*.**

彼は根は優しい人だ。

⑤ **He *took heart* and knocked on the door.**

彼は勇気を出してドアをノックした。

⑥ **He didn't *have his heart in* the job.**

彼はその仕事に身が入らなかった。

⑦ **I can't *make up my mind* (too) easily.**

私は決心するときすぐ迷う。

➡ mind は reasoning なので「決める」ことができるのです。

⑧ **Don't *change your mind* so often.**

コロコロと言うことを変えるな。

⑨ **This is very important. Please *keep* it *in mind*.**

これはとても大切ですから忘れないように。

⑩ **Are you *out of your mind*?**

気は確かか？

➡ これは要するに、「reasoning から外れてしまっている」ということです。

⑪ **The guy was *blowing his mind* at that time.**

あのとき、やつは舞い上がっていたんだよ。

➡ blow one's mind は mind (reasoning) がない状態を表します。

⑫ **I *have* something *on my mind*.**

ちょっと気にかかることがあるんだ。

➡ have 〜 on one's mind は「気になっていることがある、何か引っかかる」という意味です。

⑬ **I am putting my *soul* into this project.**

私はこの事業に命をかけている。

➡前述の例文の heart よりも、こちらの方がもっと気合いが入っています。

⑭ **Brevity is the *soul* of wit.**

簡潔は機知の心髄。

➡ soul はこのように物事の本質、権化、典型の意味もあります。これはまるで Plain English の宣伝文句みたいですが、実は Shakespeare の *Hamlet* の中に出てくる言葉なのです。

⑮ **He is a person of *spirit*.**

彼は骨のあるやつだ。

⑯ **Show some fighting *spirit*.**

闘志を見せろ。

CD 28

HELP

「助け」「援助」を表す英単語の中で一番一般的な語はやはり、日本人のおじいちゃんおばあちゃんでも知っている、help です。

ただし、help は意味によって不可算名詞、可算名詞として用いられるので用法については注意が必要です。help が概念としての助け、あるいは金銭などを表す場合は、不可算名詞として用います。

たとえば、「助けが必要」という場合は、to need help です。「財政援助」も financial help となって不可算名詞として用います。

help が、役に立つ、あるいは助けになるモノや人を表す場合は、可算名詞として用います。たとえば、「あなたはとっても役に立つ人だ」という場合は、You are a great help. となります。

help に定冠詞 the を付けて the help とすると、使用人全体を指す集合名詞として用いることも覚えておきましょう。

assistance は、help に比べると formal な堅い響きの語です。また、help とは異なり assistance は、常に不可算名詞として用います。

aid は通常、団体や国など公の機関が与える助けを表します。この場合、aid も不可算名詞として用います。

また aid は、補助器具の意味もありますが、その場合は可算名詞として用いるので注意してください。

support は、「支持」という訳語からもわかるように、金銭その他諸々を含んだ助けです。なお、その場合 support は不可算名詞として用います。

① **Thank you for your *help*.**
  手伝ってくれてありがとう。
② **Do you need any *help*?**
  助けが必要ですか？
③ **This book is a great *help*.**
  この本は大いに役立つ。
④ **I don't want to ask my parents *for help*.**
  両親には援助を頼みたくない。
⑤ **The city needs financial *assistance*.**
  市は財政援助が必要だ。
⑥ **The agency provides *assistance* in finding employment.**

その機関は、求職活動の支援を行なっている。

⑦ **The nation needs military *assistance*.**

その国は軍事援助を必要としている。

⑧ **The government plans to provide *aid* to the homeless.**

政府は、ホームレスの人々に対する支援を計画している。

⑨ **The area needs emergency *aid*.**

その地域は緊急援助が必要だ。

⑩ **Now our grandpa needs a hearing *aid*.**

最近、うちのおじいちゃんは補聴器が必要だ。

➡「補聴器」なので可算名詞です。

⑪ **Your mother needs your *support*.**

お母さんは君の支えを必要としている。

⑫ **The political party has lost the nation's *support*.**

その政党は国民の支持を失った。

CD 29

HOBBY

　hobbyという語は、カタカナ英語として日本語化していますので、皆さんにもなじみ深い言葉だと思います。ただし英和辞典などに「趣味」と訳されていることもあってか、日本人のhobbyの使い方には多少問題があるようです。

　hobbyの定義は、something a person likes to work at or study which is not his main businessです。日本語でも「趣味が高じて本

業になる」という表現があるようですが、hobby というのはただ単に時間つぶしというのではなく、専門的な知識や技術が伴わなければできないようなものを表します。したがって、よくお見合いなどの席で「ご趣味は」と尋ねるときに使う「趣味」とは少しニュアンスが違います。それでは、実際に例文で hobby の使い方を見ていくことにしましょう。

① **My *hobby* is stamp-collecting.**

私の趣味は切手収集です。

➡このように hobby を使って英語で言えば、ただ単に切手をボール箱などに無造作に放り込んでいるのではなく、ちゃんと切手アルバムなどに分類している感じになります。

② **Growing roses is my wife's *hobby*.**

バラの栽培が妻の趣味です。

➡経験のある方ならおわかりだと思いますが、バラを育てるのはかなり難しく、知識が伴わないと満足な出来栄えにはならないようです。

③ **Photography is my *hobby*.**

写真が私の趣味です。

➡この例文の場合、ただ旅行などで記念写真を撮るというのではなく、もっと専門的に写真をやっているという感じになります。たとえば、自分で現像までやってしまうといった具合に。

④ **No man is really happy or safe without a *hobby*.**

自分の仕事以外に何か打ち込むものがないと、人間は幸福になれない。

➡これはカナダ生まれの有名な医学者である Sir William Osler

の言葉です。この言葉は米国で医学を学んだ人なら誰でも知っているものです。20世紀初頭の人がすでにこのようなことを言っていたのですから、今の日本人はもっと人生を楽しまなくてはいけませんね。上記の例文でもおわかりのように、hobbyとは、もしかしたら仕事になっていたかもしれないことを、仕事としてではなくやることを意味します。

hobbyよりもっと気楽に、自分の空いている時間を利用して楽しんでやるようなことを表す語としてはpastimeがあります。
pastimeの基本概念は、a thing done to pass the time pleasantlyです。

⑤ **Listening to jazz is my favorite *pastime*.**
ジャズを聴くのが私の趣味です。
➡この例文の場合、ジャズを聴くことが「趣味」と言って差し支えないでしょう。このようにpastimeはしばしばfavoriteという形容詞と共に用いられます。

⑥ **Sumo is Japan's national *pastime*.**
相撲は日本人の国民的娯楽です。
➡相撲の場所が始まり、皆がテレビの前にくぎづけになっている感じが出ています。

⑦ **Baseball is America's national *pastime*.**
野球はアメリカの国民的娯楽です。

⑧ **Reading comic books is his favorite *pastime*.**
マンガが彼の楽しみです。

⑨ **Fishing is one of my *pastimes*.**
釣りが楽しみの1つです。

➡このように pastime にはいろいろなものがありますから、数えられる名詞となっています。

　もっと「気晴らし」のニュアンスが強い語としては diversion があります。**diversion** の基本概念は、a relief from work or care です。

⑩ **Watching television is a popular *diversion*.**
　テレビは大衆娯楽です。

⑪ **Golf is my husband's *diversion*.**
　ゴルフは主人の楽しみです。

⑫ **He says drinking is his *diversion*.**
　酒は気晴らしだと彼は言っている。

➡ただし、diversion を使うとちょっと古くさい感じがしますので、あまり多用しない方がよいでしょう。

　これまでに説明してきた hobby や pastime の意味を含めて、履歴書の「趣味」の欄にあたる英語としては **interest** があります。つまり前述したお見合いの席で聞かれるような広い意味での「趣味」を英語にすれば hobby ではなく、この interest になるわけです。

⑬ **My *interests* are tennis, golf and music.**
　私の趣味は、テニス、ゴルフ、それに音楽です。

➡会話などで自己紹介をしなければならないときに、すぐ My hobbies are 〜. とやる人がいますが、これからはもっと違う言い方をするように気をつけてください。一番簡単な方法としては **I like 〜**. と言えばよいでしょう。あるいはまた、ご自分がゴルフをやるのなら、I'm a golfer. と言えばよいのです。このように

言ったとしても、誰もあなたをプロゴルファーだとは思いません。また、今何かに「凝っている」と言いたいなら、**into** を使えば簡単に言えます。例文を挙げておきましょう。

I'm *into* photography.（写真に凝っている）

I'm *into* tennis.（テニスに凝っている）

CD 30

HOME

home は「家」や「家庭」と日本語に訳されています。しかし、それは home という語の持つ意味のほんの一面にすぎません。home の基本概念は、the center of one's family's affections です。このようにただの「うつわ」というよりも、もっと思い入れというか愛着がプラスアルファされた語なのです。

これに対して **house** という語はどちらかというと「うつわ」、あるいは「機能」としての面が強いと思います。英語では home の方が house よりも、どことなく感じのよい響きを持っています。このため不動産屋の宣伝などでも house ではなく、home を使うことが多いようです。

① **He has a happy *home*.**

彼には楽しい家庭がある。

➡この場合は、home を family と言い換えても、同じ意味になります。

② **His *home* is Minnesota.**

彼の故郷はミネソタです。

➡この場合、home は「家」ではなく「地域」を指しているわけです。

③ **She was very lonely, far from *home*.**

彼女は故郷を遠く離れて、とても寂しかった。

➡この home も「故郷全体」を意味します。ちなみに駐在員などが休暇で故郷に帰ることを home leave と言います。

④ **It is a *home* for *the aged*.**

老人ホームです。

➡このような場合も home の代わりに house は使いません。house ではあまりにも無機質な感じがしますね。

⑤ ***Nursing homes* are much in demand.**

老人ホームの需要はたいへんなものだ。

➡ nursing home といえば、普通は看護もついています。

⑥ **Many married women are now working outside the *home*.**

主婦の多くは、今や外で働いている。

⑦ **Alaska is the *home* of fur seals.**

アラスカはオットセイの生息地である。

➡この home は natural habitat、つまり動物の「生息地」という意味です。

⑧ **The painting has found a *home* in the National Gallery.**

その絵は国立美術館に安住の地を見つけた。

➡ home はこのように比喩的にも用いられます。

このように home は house に比べて、positive なニュアンスが強いのです。

⑨ **She *keeps house* for my father.**

彼女は私の父の家事をやってくれる。

➡ keep house で「家事の切り盛りをする」という感じになります。ホテルなどでも部屋の掃除をしたり、ベッドメーキングをしたりすることを総称的に house keeping と言います。このような慣用表現からも、house は home より機能面に重点が置かれていることがわかると思います。「家事」そのものは housework と言います。

⑩ **The girl likes *playing house*.**

あの子はままごと遊びが好きだ。

➡ この play house という表現は、皆さんもよく知っているでしょう。

⑪ **You are old enough to *set up house*.**

もう一家を構えてもいい歳だね。

➡ set up house で「所帯を持つ、一家を構える」という意味になります。

⑫ **The singer drew a *full house*.**

その歌手の公演は満員だった。

➡ a full house で「大入り満員」ということです。house の持つ「うつわ」という感じがわかると思います。

⑬ **We had a *good house*.**

入りはなかなかだったよ。

➡ a good house も「客の入りがいい」ということを意味します。また、「入場者数を数える」というときには house を用いて count the house と言います。

⑭ **They just *dressed the house*, you know.**

客の入りを多く見せただけさ。

➡ dress the house と言うと、客を無料招待したりして、「見せかけだけ、入りが良いようにする」ことを意味します。

⑮ **The play *brought down the house*.**

その劇は大喝采を浴びた。

➡ bring down the house は慣用表現で、to be loudly applauded という意味で、演劇批評などでよく使われています。

⑯ **This wine is *on the house*.**

このワインは手前どものサービスです。

➡ 英語では「～のおごり」という場合は on を使って表現します。たとえば、「これは私のおごり」という時には This is on me. と簡単に言えます。この on と house を一緒に用いて、「店のおごり」という意味になります。このように「店」という意味で house を使う例としては、house wine や house blend などがあります。

前述のように house という語は「うつわ」「機能」としての面が強いので、a place of business という意味合いにもなります。

⑰ **That is a famous publishing *house*.**

それは有名な出版社だよ。

➡ publishing house で「出版社」、trading house と言えば「貿易会社」ということになります。

私はいろいろな会社で英語を教える機会がありますが、こうした企業内研修を英語で表現する場合には、やはり house を用いて in-house training と言います。ちなみに私の場合には、in-house English program です。また「社内翻訳家」は、in-house translator となります。

　「政治の場、議会」にも house を用います。この場合、通常 House というように頭文字を大文字にします。

⑱ **The Speaker called *the House* to order.**
　議長は「静粛に」と議場に告げた。
➡ the Speaker は「下院の議長」のことです。ちなみに、米国上院の議長 President of the Senate は、米国副大統領 Vice President が兼任します。

　政情が不安定な国々でよく政敵に対して行なわれる「自宅軟禁」は house arrest と言います。

⑲ **The lady is under *house arrest*.**
　例の女史は軟禁されている。

⑳ **We will have a *housewarming party* on Sunday. Please come and join us.**
　日曜に引っ越し祝いをやりますから、ぜひ来てください。
➡引っ越しや新築などで友人、知人などを招くパーティーを housewarming party と言います。「医者の往診」は house call、ホテルなどの「内線電話」は housephone です。また、今はやりの「主夫」は house-husband となります。

さらに house は名門の家系を表す場合にも用いられます。たとえば「鳩山家」は the house of Hatoyama となります。私のような一般市民の場合は the Itoh family と表します。

house より formal な語としては、**residence** があります。「総理大臣官邸」という場合は、the Prime Minister's official residence となります。

㉑ **The White House is the President's *residence*.**
ホワイトハウスは大統領官邸だ。

また、residence は「建物」ではなく「住んでいる」ことも表します。

㉒ **She spent a *residence* of five years in London.**
彼女はロンドンに5年間在住した。
➡この文の場合、普通は動詞 live を使って She lived in London for five years. のように表現します。

ISSUE

issue はもともと to send out, put forth という意味の動詞なので「何か出てきたもの」を意味します。したがって、雑誌など毎週、毎月出されるものも issue です。

① **Do you have the August *issue* of the New Yorker?**
ニューヨーカーの8月号を持っていますか？
➡また、issue は「出てきたこと」をも意味し、これは問題・条件ということになります。同義語には problem、matter、topic、subject などがありますが、この中で issue は包含的ニュアンスが強い語です。つまり issue は問題の全体像を指します。したがって、次のように言うことができます。

② **The *issue* has many problems.**
その件は問題が山積みだ。
➡この例からもおわかりのように、problem の方は個々の問題を指すのです。

さらに issue は「解決策を出さねばならない、放ってはおけない」といった意味の含みがあります。

③ **We have to tackle the trade *issue* immediately.**
直ちに貿易問題に取り組まねばならない。

④ **Japan's education is *at issue*.**
日本の教育は問題になっている。

➡ at issue は、「なんとかしなくてはならない状態にある」ということです。「放ってはおけない、なんとかしなくてはならない」という意味合いです。そこから、issue はこのような使い方もされるのです。

⑤ **He *took issue* with her on the project.**

彼はその計画に関して彼女に異論を唱えた。

➡ take issue は to disagree の意味です。

problem はというと、これは a matter of doubt, difficulty という意味合いになります。

⑥ ***What's your problem*?**

どうしたんだ？

➡これは相手が何か困っている様子を「どうしたの」と尋ねる場合に用いる便利な表現です。

これと似た表現に、皆さんよくご存じの What's the matter (with you)? があります。日本語にすると同じになってしまいますが、この２つの文は意味合いが違います。

What's the matter? は What is wrong? という意味で、「どこか調子がおかしいのか」と尋ねる場合に用います。論理的にはまず What's the matter? がきて、次に What's your problem? がくると考えるのが正しいでしょう。

なぜなら What's your problem? は、相手が困っていることを知った上で用いる表現だからです。

matter についてもう少し詳しく述べることにしましょう。この語には issue や problem と異なり「解決策が必要だ」という

ニュアンスはありません。matter は substance と同義語であることからもわかるように、単に話題や題目、つまり topic や subject と同じ意味です。matter がこれらの語と異なる点は importance の意味を持っているところです。このことは matter を動詞として用いると to be important の意味になることからもわかると思います。

It doesn't *matter*. (大した事じゃない)

matter を名詞として用いた場合、よく使う表現を1つ覚えておきましょう。

⑦ **This is *no laughing matter*.**

笑い事ではない。

➡ serious だということです。

言い忘れましたが、problem も no を伴ってよく使われます。

⑧ **It's all right. *No problem*.**

大丈夫。大丈夫。

➡ この例文から problem が持っている difficulty の意味合いがよく感じとれると思います。

problem の使い方をもう1つ紹介しておきます。日本語の「問題児」にあたる言葉は、英語でも a problem child と言います。このように problem は形容詞としても使います。

matter の同義語として出てきた **topic** と **subject** の概念をここで正しく理解しておきましょう。両語とも something to talk about, to think about という意味ですが、topic の方がどちらかと

いうと限定的(時間的にも空間的にも)な something であり、subject の方が普遍的な something であると言えます。要するに topic はよく時局に関する話題などに用いますが、subject はそのような場合には不適当です。

⑨ **That is the *topic* of the day.**

それは今話題になっていることだ。

⑩ **Beauty is the *subject* of art.**

美は芸術の主題だ。

issue に関する語として出てきた topic、subject ですが、厳密には issue や problem の意味合いはあまりなく、matter に近い語と言えます。

LAW

　law の概念を理解するためには、まず rule の意味をつかんでおくことが必要です。rule とは a statement of what to do and not to do という意味です。この statement は誰がしてもいいのであって、国でなくても権威がなくてもよいのです。ちなみに私も Plain English に関して Kelly's Ten Rules of Plain English なるものを出しています。

　law は rule にもう少し意味合いが付いています。law は日本語では「法律」と言うように、普通一個人が言い出したようなものではありません。つまり law の概念は rule, written or unwritten, established by authority or custom という感じです。したがって、先ほどの Kelly's Ten Rules などには rule の代わりに law は使わないのです。それでは例文を見ていきましょう。

① **I don't think I'm *breaking the law*.**

　法を犯しているとは思わない。

➡ 「法を破る」は英語でも日本語と同じで、break the law と言います。

② **That is *against the law*.**

　それは法律違反です。

➡ against the law で「法律違反」という意味を簡単に表現できます。

③ **The police maintain *law and order*.**

　警察は法と秩序を守る。

➡ law and order は一組でよく使います。

④ **Smoking is prohibited *by law*.**

喫煙は法律で禁じられています。

➡米国では公共の場でタバコが吸えなくなってきましたが、昔からエレベーターの中にはこの例文のような表示がしてあります。

話はそれますが、prohibit や forbid はとても強い意味を持った語なので、医者がタバコを禁じるというような場合には使わないでください。医者は法律家ではありませんから。

⑤ **That will infringe the *law* of copyright.**

それは著作権の侵害になるよ。

➡このように break の代わりに、infringe あるいは violate という動詞を使うこともあります。

⑥ **She is studying *law* at Harvard.**

彼女はハーバードで法律の勉強をしている。

➡学問としての法律は不可算名詞です。冠詞がないことに注意してください。

⑦ **He *entered law* when he was thirty.**

彼は30歳で弁護士になった。

➡ enter law で「法曹界に入る」「弁護士になる」という意味。

⑧ **We have to *go to law* to settle the matter.**

問題解決には裁判に訴えるしかない。

➡ go to law で「訴訟を起こす」「裁判にする」という意味です。

⑨ **My father-*in-law* died three years ago.**

義父は3年前に亡くなりました。

➡血のつながりではなく、婚姻などによって親族となる場合を in law で表すのは皆さんもご存じの通りです。ちなみに、内縁関係は common law で表します。

⑩ **He has a *common-law* wife.**

彼には内縁の妻がいる。

➡ common law とは、明文化されていないが法的効力を持つ慣習法のことです。

⑪ **The government has declared *martial law*.**

政府は戒厳令を出した。

➡ martial law で「戒厳令」のことです。ちなみに「格闘技」のことは martial arts と言います。

law はまた、scientific principle にも用います。

⑫ **You know the *law* of gravity, don't you?**

重力の法則は知っているだろ？

弁護士の正式名称は、米国では attorney at law と言います。彼らの名刺にはそう書いてあるはずです。また、米国は州によって法律が異なるので、弁護士は日本のような国家資格ではなく、州ごとの資格になります。

⑬ ***Rules* are made to be broken.**

規則は破られるためにある。

⑭ ***The rule of law* does not exist in the country.**

その国は無法状態だ。

➡ the rule of law で、指導者を含めた国民全員が法（law）に従うことを意味します。

⑮ **Mild winters here are *the exception than the rule*.**

暖冬は、ここではどちらかと言えば例外的である。

LIFE

　皆さんはこの life という語の日本語訳として、どのような意味が浮かびますか。life はいろいろな意味で使われますので、日本語の「生命」や「人生」とだけ覚えていても、英語としてはとうてい使いこなすことはできません。さらに日本語には数えられる名詞と数えられない名詞の区別はありませんが、英語の life は使い方によって数えられたり、数えられなかったりするのです。また、同じ意味でも数えられる場合とそうでない場合もあり、日本人の英語学習者にとっては非常にやっかいな語です。

　本書ではこの違いをわかりやすくするために、まず絶対に数えられない意味から説明していくことにします。

　　life が「生命(生命現象)」あるいは集合的に「生き物」を表す場合には数えることはしません。

① **Is there *life* on Mars?**
　　火星に生命(体)は存在しますか?

② **The town had no sign of *life*.**
　　その町には人っ子一人いなかった。
　➡この場合、life は「生命体」の中でも特に「人間」を意味しています。

③ **The body showed no signs of *life*.**
　　体には何の生命反応もなかった。
　➡この場合の life は、呼吸や、何かの刺激、たとえば音や光など

に対する生命反応がないことを示しています。ですからこの文では、no signs of life を用いているのです。ちなみに生きているかどうか、すなわち生命体として認めるためには英語の場合 metabolism（代謝）、growth（成長）、reproduction（生殖）、response（反応）のどれかが必要です。

④ **It's *a matter of life and death*.**

死ぬか生きるかの問題だ。

もうひとつ life が数えられないのは、「生気、活気」を意味する場合です。

⑤ **Children are *full of life*.**

子どもはいつも元気です。

➡ full of life と言うと、「生気に満ちている、元気がよい」ということです。

⑥ ***Put* more *life* into your work.**

もっと気を入れて仕事をしなさい。

ここまでは、数えられない life の例を見てきましたが、今までに述べた意味以外で life が用いられる場合には、数えるときもあれば数えないときもあります。life の多様性を以下の例文から感じとってください。

⑦ **His *life* is full of ups and downs.**

彼の人生は波瀾万丈だ。

➡ ups and downs は文字通り「山あり谷あり」という意味です。

⑧ ***Life* is tough.**

人生たいへんです。

➡このように一般論として「人生」と言う場合には、「生命体」のときと同じように数えることはしません。

⑨ **A police detective *sees life*.**

刑事は世間のことがよくわかっている。

➡ see life で「世の中のいろいろなことを見る、経験する」という感じになります。

⑩ ***What a life!***

何て人生だ！

⑪ ***Such is life.***

人生なんてこんなもんです。

上記の例文と同じような言い方としては、以下のようなものがあります。

⑫ ***That's life.***

仕方ないね。

➡人生を嘆くときには a life と冠詞がついており、反対に人生を達観した言い方の場合は、life というように冠詞が取れていることに注目してください。

⑬ **Beautiful sunshine, beautiful beach, and beautiful girls. Oh, *this is the life*.**

さんさんと輝く太陽、すばらしいビーチ、そして美女たち。もう最高！

➡この this is the life という表現は、「もう最高」といった感じです。このように、これぞと思っている「人生」には the が付いてくるのです。

⑭ **Now you're eighteen, you should *live your own life*.**

もう18歳だから自分なりの人生を見つけなさい。

➡ live one's own life は、「自分で生きたいように生き、その代わり自分で責任を持つ」というアメリカ的な言い回しです。

⑮ **The accident took thirteen *lives*.**

事故で13人が死亡した。

➡上記の文のように「ひとりひとりの命」を意味するときには、life は数えることができます。またこの文では、take を claim で置き換えることも可能です。しかし、動詞として kill を用いた場合には、life ではなく人そのものを表す語が続きます。The accident killed thirteen people. と、このようになります。

⑯ **The boy *took his own life* to escape from bullying.**

少年はいじめから逃れるために自らの命を絶った。

➡ここで使われている take one's own life の意味は、kill oneself と同じです。しかし、kill oneself に比べると直接的なニュアンスが少し弱くなり、生々しさが薄まった感じになります。ですから、自分の身の回りの人が自殺したような場合には take one's own life の方を使うことが多いですね。これらとよく似た表現として commit suicide がありますが、これはどちらかというと警察が使う表現です。

⑰ **Country *life* is too boring for me.**

田舎の生活は私には退屈だ。

➡「生活一般」を意味する場合には、life は普通不可算名詞として用います。

⑱ **Our daughter is enjoying city *life* in New York.**

娘はニューヨークで都会の生活を満喫している。

➡この場合も life は数えられません。

⑲ **Illegal parking is *a way of life* in Tokyo.**

東京では違法駐車は当たり前だ。

➡ a way of life で「当たり前のこと、日常茶飯事」という意味になります。これは WAY の項でも取り上げています。

⑳ **I've lived in Tokyo *all my life*.**

私は生まれてこのかた東京に住んでいる。

㉑ **Everything *comes to life* again in spring.**

春にはすべてのものが生き生きとしてくる。

➡ come to life で、to become active, start growing という意味です。もちろん、come to life は「意識を取り戻す」という意味でも用いますが、どちらかといえば比喩的に使われることの方が多いですね。

㉒ **You are my *life*.**

お前は私の命だ。

➡ このように life は「命ほどに大切なもの」という意味でも用いられます。これは日本語の「命」の場合も同じですよね。

㉓ **The vacuum tube has a *life* of 10,000 hours.**

その真空管の寿命は1万時間です。

➡ このように life は製品などの「有効に働く時間、寿命」などを表すこともできます。

㉔ **Tom was the *life* of the party.**

トムはパーティの華だった。

➡ life には何か集まりなどの「中心、花形」といった意味もあります。この場合は、life を soul と置き換えることもできます。

㉕ **Clarity is the *life* of presentation.**

明確さがプレゼンテーションの命です。

➡このように物事の「精髄」という意味を表す場合にも life が用いられます。

　life にはいろいろな意味があることがおわかりいただけたと思います。では、life に似た意味を持つ語についてですが、実は life には他の基本単語とは違い、同じような語が存在しません。しいて挙げるとすれば living があります。しかし **living** が表すことができるのは、being alive あるいは the means of keeping alive といった life の持つ意味のうちの一部にすぎません。
　それでは、living の例を見ていくことにしましょう。たとえば、今はやりの「清貧の思想」などは、この living を用いると簡単に表現することができます。

㉖ **Do you know the art of *plain living*?**
　清貧って知ってる？
➡ plain living で「質素な、余計なもののない」という意味になり、日本語の「清貧」に近い表現だと思います。この文に見られるような art の使い方を日本語にするのはちょっと難しいですね。way や method よりもう少し高い次元の「習得」あるいは skill を意味します。

㉗ **He *earns a living* with the pen.**
　彼は文筆で生計を立てている。
➡ earn a living あるいは make a living で、「生計を立てる」という意味になります。

㉘ **He *makes a* comfortable *living* with the piano.**
　彼はピアノを弾いて何不自由のない生活をしている。
➡ comfortable living で、「何不自由ない生活」ということになり

ます。
㉙ **What do you do *for a living*?**
　君は何をなりわいにしているの？
➡「何をして食べているのか」を尋ねるときは、このように言ってください。

　さて life の意味のうち「存在」のみを強調すると、似た語として existence があります。
㉚ **Do you believe in the *existence* of ghosts?**
　幽霊の存在を信じますか？
㉛ **It's the oldest wooden temple *in existence*.**
　これは現存する最も古い木造の寺だ。

CD 34

LUCK

　luck は何かが by chance、つまり偶然によって起こることを意味します。したがって luck には本来良いも悪いもないのですが、文脈によっては good luck、つまり「幸運」を表す場合もあります。それでは luck の表現を見ていくことにしましょう。

① **You want this one? You're *in luck*. This is the only one left.**
　これをお望みですか？　ラッキーでしたね。最後の1つです。

➡ in luck とは lucky の意味ですが、何か欲しい品物などが「ある」ときにも使います。in luck の反対は、当然のことですが、out of luck となります。

② **You want coffee? Sorry. You're *out of luck*. No coffee left.**

コーヒーですか？ ごめんなさい、今日はもうないんです。

③ ***Tough luck.* You can try again.**

しょうがないよ。またやれるさ。

➡何か悪い結果などに同情の意を表す場合には、tough luck を使います。

④ **Can I borrow 10,000 yen? I am *down on my luck*.**

1万円貸してもらえる？ 一文無しなんだよ。

➡ down on one's luck という形で使うと「一文無し」という意味になります。

⑤ **O.K. I will *try my luck*.**

よし、一丁やってみるか。

➡日本語の「運試し」は、英語でも同様に try one's luck と言います。

この例文のように思い切りがいいのも結構ですが、あまり調子に乗りすぎると次のように言われてしまいますよ。

⑥ **Don't *push your luck*, kid.**

あまり調子に乗るんじゃない。

➡このように push one's luck は、主に否定文で使います。

他に luck を使う表現で、皆さんが知っておくと便利なものに **potluck** があります。これは日本語の「ありあわせのもの」に

あたります。

⑦ **Come over tonight. It will be just *potluck*.**

今晩来れば。みんなで持ち寄りだけど。

➡ a potluck party というのは、各自が料理を持ち寄って行うパーティのことです。

luck とよく似た語に **fortune** があります。ほとんどの場合、luck と fortune は置き換えて使うことができます。ただし、fortune はもともとローマの神 Fortuna から派生した語なので、ちょっと bookish だと言えます。そして luck よりは結果に重点が置かれることが多くなっています。したがって fortune を数えると、結果を表して「一財産」という意味になります。

⑧ **I *have fortune on my side*.**

私には運が味方している。

⑨ **His first book has brought him a *fortune*.**

最初の本で彼は一財産作った。

➡ fortune が fate の意味で用いられることもあります。

⑩ **The lady can *tell your fortune* by palm reading.**

その女性は手相を見ることができる。

MANNER

　manner の基本概念は、a way of doing です。また、manner は characteristic あるいは particular な意味を含んだ method や way という感じです。主に人の様子を表すのに使います。

　英語の manners はそれだけで「礼儀作法」という意味になり、悪い場合にのみ bad が付きますが、「～をするのは行儀が悪い」というように使います。manner は単数だと「やり方」「方法」という意味になりますので、「マナー」「行儀作法」という意味で使う場合は必ず複数にしてください。

　エチケットは、英語では etiquette ですが、日本の辞典ではエチケットはマナーと定義されているものもあります。しかし、実は etiquette と manners（英語では必ず複数形）は、少し意味合いが異なります。etiquette は、フランス語の「入場券」からきた語ですが、この etiquette と manners は欧米人でもきちんと違いを理解している人は少ないのが実状です。ある文献によれば、etiquette は protocol（儀礼規範）であり、manners は kindness（親切）、caring about others（思いやり）であると定義しています。

　老人や身重の人に席を譲ってあげるのは etiquette ではなく、manners ということになります。ただし、カタカナ語のマナーは多くの場合、他人に対する当たり前の行為を指しているので、その場合は英語では common courtesy がぴったりです。

　また、日本人が別のことと勘違いしている表現に bedside manner という表現があります。これは私の好きな話題の方のことではなく、

医者が患者を扱うやり方のことです。

① **You *have no manners*.**
あなたはマナーがなってないわ。
➡マナーが「なってない」ということはマナーが「ない」と考えるので、have no manners と言います。

② **I have to teach my daughter *manners*.**
娘に礼儀作用を教えなきゃ。

③ **It is *bad manners* to stare at people.**
人をじろじろ見るのは行儀が悪い。

④ **That's very *bad manners*.**
お行儀悪いよ。

⑤ **His aloof *manner* keeps him from making friends.**
彼は態度がよそよそしいから、なかなか友達ができない。

⑥ **No wonder he has blown his fortune. He was running the store in a hit-or-miss *manner*.**
やつが身代をつぶしたのも無理はない。行き当たりばったりのずさんな経営で店をやってたからな。
➡hit-or-miss は「行き当たりばったりの」「ずさんな」という意味です。普通、形容詞として用います。

⑦ **Don't talk about it in a businesslike *manner*.**
そのことについて事務的な言い方をするな。
➡この場合、manner は way で言い換えられます。

⑧ ***Etiquette* requires that men cannot sit while women are standing.**
女性が立っている間は男性は座ってはいけないというのがエチ

ケットだ。

⑨ **It's common *courtesy* to give your seat to an elderly person.**
お年寄りに席を譲るのがマナーだ。

CD 36

MEETING

　meeting は「集まり」を表す最も一般的な語です。もちろん集まるからには何か目的はあるのですが、conference などに比べると明確な議題などが決まっていなくてもよいのです。また meeting は普通、屋内での集まりを指します。

① **The English teachers had a *meeting* this morning.**
今朝、英語の教師が集まった。
　➡何かの話し合いを目的にした集まりですが、それほど formal ではないので meeting が適当です。

② **Our club had a *meeting* on Saturday.**
クラブの会合が土曜日にあった。

③ **The Prime Minister held a cabinet *meeting* on Monday.**
首相は月曜日に閣議を開いた。

　meeting が、もう少し formal になったものというか、ある特定の事柄を話し合うことがあらかじめ決まっている場合には、

conference を用います。

④ **The actor held a *press conference* this afternoon.**
その俳優は今日の午後、記者会見を行なった。
➡「会見」のように formal な集まりを示す場合は conference を用います。

⑤ **The *conference* room is on the second floor.**
会議室は2階にあります。

conference よりさらに formal な度合いが強いものには **assembly** を用います。ただし assembly を使う場合には、集まりが定期的に行なわれることに重点が置かれます。

⑥ **Kelly Itoh addressed a large *assembly* of lawmakers.**
ケリー伊藤は、議員の大規模な集まりで講演を行なった。

⑦ **The United Nations General *Assembly* was held on Friday.**
国連総会が金曜日に開かれた。

⑧ **This year's alumni *assembly* was held in Florida.**
今年の校友会はフロリダで開かれた。

convention という語は meeting には違いありませんが、「同じ趣旨を持つ」人々の集まりを意味します。たとえば自民党の党大会や弁護士大会などのように、一般的には部外者の参加を認めないような meeting のことです。

また convention は、assembly のように定期的に会合が行われるというニュアンスも含んでいます。

⑨ **The Liberal Democratic Party opened a two-day**

convention in Tokyo on Monday.

自民党は月曜日から東京で2日間の党大会を開催した。

⑩ **Kelly attended a national broadcasters'** *convention* **in Chicago.**

ケリーはシカゴの全国ブロードキャスター大会に出席した。

rally という語はもっと目的のはっきりした集まり、たとえば何かに反対するとか、運動を起こしたりする集まりの場合に用います。次の2つの例文は、目的のはっきりした集会なので rally を使います。

⑪ **The residents held a** *rally* **against the construction of a nuclear power plant.**

住民は原子力発電所建設反対の集会を開いた。

⑫ *Rallies* **will be held for and against the constitution in various parts of the country this week.**

今週、護憲、改憲派の集まりが、全国各地で開かれます。

meeting よりも casual、informal な集まりの場合は **gathering** を用います。また、gathering という語には「楽しみのための集まり」といった意味合いも含まれています。たとえば主婦とかサークルなどの集まりの場合は、一般的に gathering を使います。しかし、たとえサークルの集まりでも、そこで何かを話し合って決めるなどという場合には meeting を使います。

⑬ **Housewives in the area had a** *gathering* **on Saturday.**

地域の主婦が土曜日に集まった。

➡ gathering を使うことで、何か楽しいことのために集まった感

じが出ます。

⑭ **They had a family *gathering* on Sunday.**

彼らの家族が日曜日に集まった。

同じような意味で get-together も使います。

⑮ **It was their annual *get-together*.**

彼らの年に一度の集まりだったんだ。

CD 37

MISTAKE

mistake という語を英和辞典で調べると「誤り、間違い」と記されていますが、これをもう少し厳密に言い換えれば an error in judgement or understanding、つまり「判断上の誤り」という意味合いになります。これに対し error の方はどうかと言えば、any incorrect or wrong act ということになります。このように error は mistake に比べるとその使用範囲は広いのですが、実際の会話などでは mistake の方がより頻繁に使われます。なぜなら error の方が mistake より堅い感じがするためです。

① **Your writing is full of spelling *mistakes*.**

君の文はスペルが間違いだらけだ。

➡この例文では mistake のかわりに error を使うこともできますが、error を使うと erros in spelling という形になり、ちょっと

formalな文体になってしまいます。皆さんもスペルミスをしないように気をつけましょう。仕事でスペルミスをすると、あなたのcredibilityはドーンと落ちてしまいますよ。

② **Don't be afraid of *making mistakes*.**

間違いを恐れるな。

➡ 上の例からもわかるように、「mistakeやerrorをする」というときに使う動詞はdoではなくmakeです。これは間違いというものが初めからあるのではなく、bring ～ into beingするものだからです。ちょっと前に「スペルミスをするな」と言ったばかりで何か矛盾するようですが、実際に英語を話すとき(教室内での授業ではなく)には、間違いを恐れて口が重くなってしまっては意味がありません。大胆にどんどん話すようにしてください。

③ **The cashier *made a mistake* over the bill.**

レジ係が勘定を間違えた。

④ **I took your book *by mistake*.**

間違って君の本を持って行っちゃった。

➡ by mistakeが「間違って」という意味の副詞句として用いられるのは皆さんもよくご存じですね。

⑤ **I chose that guy. That was my *mistake*.**

あの男を選んだのは私の失敗です。

➡ このような場合には、明らかに判断上の誤りを表すわけですからmistakeをerrorで言い換えることはできません。

⑥ **He is a great man. *There's no mistake about* it.**

彼が偉大な男であることは間違いない。

➡ この場合のmistakeは、doubtあるいはquestionと同じ意味になります。この文もまたerrorで言い換えることはできません。

上記の2つの例文に関して、日本語訳が1文なのに対し英文では2つの文になっていることにも注目してください。日本文のように、英語でも1文で述べようとすると接続詞などを用いなくてはならず、文が長くなってしまいます。日本人は英語を書くとき、そのような長い文を好むようですが、これは英語としては好ましいものではありません。

⑦ **She looks soft, but *make no mistake about* it. She is really tough.**

彼女は甘ちゃんに見えますが、とんでもない。なかなか手ごわいですよ。

➡ この make no mistake about ～ は、not to be misled into thinking otherwise という意味合いになります。つまり no mistake は、you may be sure あるいは have no doubt という意味で使う場合と、上の文のような意味合いで使うときとがあります。文脈によって判断するように注意してください。

⑧ **This is a printer *error*.**

これはプリンタのエラーです。

➡プリンタ自体に判断力や理解力はないので、行為、結果としての誤りということになります。この場合は error の代わりに mistake を使うことはできません。

⑨ **The accident was the result of human *error*.**

その事故は人為的ミスによるものです。

➡機械や自然現象ではなく、人為的なミスという場合には、この the ruselt of human error を用いるとよいでしょう。

⑩ **You are *in error*.**

君は間違っている。

➡この表現は、You're wrong. と同じ意味になりますが、in error を使う方がちょっと formal です。

⑪ **All men are liable to *error*.**

人は誰でも過ちを犯す。

➡これは昔からよく使われている表現です。

⑫ ***Trial and error* is the only way to get this thing done.**

試行錯誤しながらやるしかこれをやる方法はありません。

➡ trial and error は文字どおり「試行錯誤」を表します。

⑬ **The doctor committed an *error* of judgement.**

医者は誤診をした。

⑭ **An *error* of 0.1 percent is no problem.**

0.1 パーセントの誤差は問題ない。

➡ error にはこのように「誤差」という意味もあります。

「誤り」という意味に、もう少し「不注意」や「大失態」などというニュアンスが加わった語としては **blunder** があります。

⑮ **Misspelling your own name is a silly *blunder*.**

自分の名前の綴りを間違えるなんてたいへんなポカです。

⑯ **Political *blunders* abound in this country.**

この国は政治の失態には事欠かない。

➡これは一体どこの国のことでしょう？

「誤り」について、もうひとつよく使う口語表現を載せておきましょう。それは **fluff** です。

⑰ **She is just a fine person.　I overlook her minor *fluffs*.**

彼女はとても立派な人だから、少々のポカは大目に見ます。

➡この他、フランス語からの外来語である faux pas も、新聞などで最近よく使われています。

(CD 38)

MONEY

money は一般的にはお金の総称ですが、そこからいろいろな意味に発展して用いられます。比喩として最もよく使われる意味は「利益」「利潤」そして「富」です。

① **Can I borrow some *money*?**

ちょっとお金を貸してくれる？

➡この場合は大金というわけではなく、タバコを買うとか切符を買うとかいった程度のお金の感じです。

② **His restaurant is the talk of the town.　He is *making a lot of money*.**

彼のレストランは話題になってすごく儲かっているよ。

➡ make money は「儲かる」、つまり profit の意味です。

③ **The guy is a man of *money*.**

あいつは金持ちだよ。

④ ***Money* is not everything.**

金がすべてじゃない。

⑤ ***Time is money.***

時は金なり。

➡これは皆さんよくご存じの文ですね。

⑥ **He has *money to burn*.**

彼は腐るほど金がある。

➡英語では「いくらでもお金がある」というのを表現するのに money to burn を使います。

⑦ ***Money* really talks in this business.**

この業界では金がものをいうんだ。

⑧ **He is really *in the money*.**

やつは本当に金がある。

➡ in the money で rich、wealthy と同じ意味になります。

money と似た意味を持つ名詞に profit、funds、finances があります。いずれの名詞も money より意味するものが具体的なので、使い方も限定されます。

profit は a gain from a business という意味で、商売などをすることによって得られる利益を示します。日本人はよく benefit と profit を混同していますが、profit は一般に金銭的利益（material gain）を表し、**benefit** は金銭というよりはむしろもっと幅広い得を意味します。

⑨ **The school is not for *profit*.**

あの学校は営利を目的としていない。

⑩ **This is a *non-profit* organization.**

これは非営利団体です。

⑪ **I *made a profit* on the transaction.**
その取り引きで一儲けした。

⑫ **The *profits* in this business are not large.**
この商売は儲けが薄い。
➡利益の総額を表す場合は、普通 profits と複数形で用います。

⑬ **That produces a ten-thousand yen *profit* a day.**
それは1日に1万円の儲けが出る。

⑭ **I don't like the way they run the shop. It's just small *profits* and quick returns.**
あの店のやり方は気に入らない。薄利多売だよ。

funds は money ready for use という意味です。つまり何かの目的のために使えるお金、日本語なら「資金」ということになります。

⑮ **Can you appropriate *funds* for the project?**
計画のための資金を作れるか？
➡動詞 appropriate は、金を「用立てる」「捻出する」というような意味を持っています。

⑯ **The company is low *on funds*.**
その会社は資金繰りがたいへんだ。

⑰ **We have no *funds* in our hands.**
手持ちの金がないよ。

funds ではなく **fund** という形で用いると、今すぐに使う金というより何かの目的のためにとっておく資金、あるいは基金といった意味になります。

⑱ **The school has a ten-million yen *fund* for international students.**

その学校は1千万円の留学生基金がある。

➡ちなみに資金集めなどの運動は a fund-raising campaign と言います。

finances はちょっと堅い言葉ですが、意味は revenues と同じです。この語は主に国などの財力を表す場合に用います。finance は金そのものではなく、全体の財政システムを意味します。しかし、財源そのものは finances となりますので注意してください。

⑲ **The sales tax was needed to increase the government's *finances*.**

消費税は国家財源の増収のために必要だった。

finances とは関係ありませんが、日本の英字新聞などでは「消費税」のことを consumption tax と表現しています。しかし、日本在住の人ならともかく、ふつうの米国人にこの表現を使っても何のことだかわかりません。英語には consumption tax という表現は存在しないのです。もちろん米国でも消費者が何かを購入する際には税金がかかります。そのような税金は sales tax です。英米の新聞や雑誌では日本の「消費税」も sales tax と表現しています。

MOVE

move と似たものに motion、movement があります。

「動き」という意味を表すのに最も一般的、かつ抽象的な語が **motion** です。英語で言えば not at rest、つまり静止していない状態を言います。

① **Caution: Keep head and arms inside the window while the train *in motion*.**

注意：列車が動いているときは、頭や手を窓から出さないでください。

② **Can I see it *in slow motion*?**

スローモーションで見せてください。

③ **Just anybody, please make a *motion* to end the meeting.**

どなたでも閉会を動議してください。

➡ motion は、このように「動議」の意味でも使われます。

movement は motion よりもう少し確定的であり具体的です。つまりこの語を使う人は、頭の中で動きの一定の区間なり範囲なり法則性を意識しているのです。また movement はある状態から別の状態への変化も表します。そのことから movement は campaign の意味でも用いられるのです。

④ **My daughter is learning about the *movement* of the**

136

earth at school.

娘は学校で地球の運動について学んでいる。

⑤ **There was not much *movement* in oil shares yesterday.**

昨日は石油株の動きはなかった。

⑥ **We have launched the *movement* for a five-day work week.**

週休2日制の運動を始めた。

➡この場合、movement は campaign でも同じことです。

⑦ **Nowadays almost every watch has the quartz *movement*.**

今やほとんどの腕時計はクオーツ式です。

➡ movement はこのように機械装置そのものを意味する場合もあります。

⑧ **I haven't had a *movement* for four days.**

私は4日間お通じがありません。

➡ movement は、医者などが遠回しに便通のことを言う場合にも用いますので覚えておくといいでしょう。

日本人が movement とよく混同するのが move です。**move** のニュアンスは the beginning of a movement（動き始め、変化し始め）です。movement はある意味で完結しているのですが、move にはそこまでの意味合いは薄いのです。また move には「何らかの目的をもって動く」という意味合いがありますが、結果までは言及していないのです。

⑨ **His next *move* is to make some money.**

彼が次にやることは金を作ることだ。

⑩ **Whose *move* is it?**

誰の番？

➡ゲームでコマを進めるときなどに用いる表現です。

⑪ **He knows every *move*.**

彼は如才がない。

➡どのように動けばよいか、あらゆる手を知っているという意味です。

⑫ **America is *on the move*.**

アメリカは絶えず動いている。（変化、前進している）

➡on the move はいつも move の状態にある、動いているということです。

⑬ **This netbook is my office *on the move*.**

このネットブックは私の移動オフィスだ。

⑭ **First we practiced basic *moves* such as "tsuki" and "keri."**

まず、ツキ、ケリの基本動作を練習した。

OCCUPATION

occupationの概念は、work of any kind or for which he is trained, whether or not he is working at the moment or is paidです。日本語では、今実際にその仕事でお金を稼いでいないと「職業」とは言わないのではないでしょうか。その点では日本語の「職業」に近いのはoccupationよりむしろemploymentの方かもしれません。employmentは、the state of having paid workという意味です。

具体的に私の場合で言うと、私のoccupationはnewsman、broadcasterですが、残念ながら、日本では英語のラジオニュースショーなるものは現在ありませんので、それでお金を稼いでいるわけではありません。今は、実際には日本人の英語を何とかしたいと思ってPlain Englishを提唱し、著作や講演活動などを行なっているわけです。しかしoccupationは何ですか、と聞かれればbroadcasterなのです。

他の例で言えば、画家や音楽家も売れるまではいろいろな仕事を転々とするかもしれませんが、occupationはartistでありmusicianなのです。

① ***By occupation*, he is a journalist.**
　職業で言えば、彼はジャーナリストです。

② **What's your *occupation*?**
　ご職業は何ですか？
　➡尋問の響きなので、日常会話では使わないほうが無難です。

③ **Please state your name, age and *occupation*.**
お名前、年齢、職業をお願いします。

occupation は「時間を占めること」ということから、次のような言い方もできます。

④ **His favorite *occupation* is listening to music.**
彼の楽しみは音楽を聴くことです。

⑤ **Gardening is an all-year-round *occupation*.**
園芸は一年中やることがある。

occupation と似たものに trade があります。**trade** は a kind of work that requires training and skill with the hands で、主に手を使って何かを作るような職の場合に使います。

⑥ **He is a tailor *by trade*.**
彼は仕立屋です。

⑦ **That school offers courses in various *trades*.**
あの学校はいろいろな職業コースがある。

trade には次のような慣用表現もあります。

⑧ **I don't want to be *a jack of all trades*.**
便利屋にはなりたくない。

profession はもっと高度な専門職を指します。profession には higher education and specific training が必要で、具体的には教師、医者、弁護士などです。

⑨ **He is a lawyer *by profession*.**

彼は弁護士です。

position というと formal, white collar work を指し、普通は次のように用います。

⑩ **She applied for the *position* of manager.**
  彼女は課長職に応募した。

⑪ **Top management *positions* are still open.**
  重役のポストはまだ決まってないよ。

(CD 41)

OPPORTUNITY

opportunity とよく似た意味を表す語として、chance、occasion があります。

opportunity を含めたこれらの3つの語の基本概念は、It is a time when it is possible to do something. という感じになります。この3つの語の中で、特に opportunity と chance はその意味合いが似通っており、「何かをするための物理的状況が整っている」ということを表します。

① **I have had no *opportunity* to tell him about the matter.**
  例の件について彼に話すチャンスがなかったよ。
  ➡ この例文は、つまり「話せるような物理的状況がなかった」と

141

② **He jumped at the *opportunity* to go to America.**

  彼はアメリカに行けるという機会に飛びついた。

③ **Whenever you have a chance, you should seize the *opportunity*.**

  チャンスがあれば、ものにした方がいいよ。

  ➡冒頭で chance と opportunity はほとんど同じ意味であると言いましたが、この例文では2つの語の間に、微妙なニュアンスの違いがあることがおわかりいただけると思います。この文の opportunity を言い換えれば、a good chance , covenient occasion となります。

④ **This is a great *opportunity* to try your English.**

  君の英語を試してみる絶好の機会です。

⑤ **I have few *opportunities* of meeting Americans.**

  アメリカ人に出会う機会はほとんどありません。

  ➡この文の場合も、たとえば外国人のいない地方に住んでいるなどの理由で、「物理的に出会う可能性がない」ということを表しています。

⑥ **Don't *miss this opportunity*. It may never come again.**

  こんな機会はまたとありませんよ。

  ➡「機会を逃す」を表すにはこのように miss an opportunity を用います。

⑦ **Let me *take this opportunity to* say a few words.**

  この場を借りて一言申し上げたい。

take an opportunity to ～で「機会を利用する」という意味になります。chanceという語がopportunityと違う点は、chanceがa degree of possibilityをも表せるということです。

⑧ **_Chance_ plays a big part in card games.**

カードゲームでは運が左右する。

➡この文の場合、chanceはluckと同じ意味で使われています。この使い方ではchanceは数えることができません。

⑨ **Now is your _chance_.**

今だ。

➡このchanceはa favorable timeという感じになります。

⑩ **Please give me a _chance_ to explain.**

私に説明する機会を与えてください。

⑪ **You won't have another _chance_ of seeing him.**

彼とは二度と会えないよ。

➡上記の3つの例文に使われているchanceのいずれにも、possibilityの意味合いが含まれていることに注意してください。つまりchanceは物理的状況に加え、可能性をも表す場合に用いると、より効果的です。

⑫ **This is a great _chance_ to make money.**

金儲けには絶好の機会だ。

もっとchanceの「可能性」という面が強く出た例文を挙げておきましょう。

⑬ **He stands a good _chance_ of winning the prize.**

彼は受賞の可能性大ですよ。

⑭ **I see no _chance_ of its success.**

例の件は成功の見込みはないね。

⑮ **There is no *chance* of her complete recovery.**

彼女の全快の見込みはない。

⑯ **The *chances* are slim.**

見込み薄ですね。

⑰ **Don't *take chances*.　You will be killed.**

やばいことはやめとけよ。殺されるぜ。

➡ take chances で「危険を冒す」「一か八かやってみる」という意味になります。

⑱ **Just *take a chance*.**

とにかくやってみれば。

➡ take a chance を使うと、take chances よりやばい度合いは薄くなります。

⑲ **I met her only *by chance*.　Now we're living together.**

本当に彼女とは偶然なんです。今は一緒に住んでいますが。

➡ この例文の場合は、chance を accident で置き換えることもできます。

⑳ **I bought five *chances* in the raffle.**

くじの券を5枚買ったよ。

➡ chance には「くじ(ラッフル)」という意味もあります。

　occasion は物理的状況に、もう少し社会的状況といったニュアンスが加わった感じです。また、occasion には cause や need の意味合いも含まれています。

㉑ **I have no *occasion* to visit her.**

彼女のところに行く名目がない。

㉒ **I don't have much *occasion* to speak English.**

私はあまり英語を話す必要性がないんです。

㉓ **You have no *sense of occasion*.**

場所柄をわきまえていないね。

➡ formal な場所に、casual な服装をして行くような人に対してこのように言います。

㉔ **The dress is for *special occasions*.**

このドレスは正装よ。

➡ special occasions で、冠婚葬祭などを表します。

㉕ **I was a little worried about him. But he *rose to the occasion*.**

少々心配だったけれど、彼は立派にやってのけた。

➡ rise to the occasion で、to be able to handle a challenging situation という感じになります。

PAIN

pain の基本概念は、feeling of being hurt です。つまり「鋭い痛み」を表します。これに対して ache は、steady dull hurt、つまり pain よりは時間的に幅があり、「もう少し弱い痛み」を意味します。

① **I have a *pain* in my back.**

腰(背中)が痛い。

➡普段あまり腰痛など感じない人が、急に痛みを感じるというようなニュアンスになります。

② **Do you have anything to *kill the pain*?**

何か痛み止めある？

➡「痛みを止める」を英語で表す場合は kill という動詞を用います。また「鎮静剤」そのものを表すときには pain killer と言います。これに対して「痛みを和らげる」程度であれば、kill の代わりに relieve を使ってください。relieve の場合も kill と同じく名詞として、pain reliever という使い方もできます。

③ **After a couple of drinks, he was *feeling no pain*.**

彼は、2、3杯飲んで、ほろ酔い気分になった。

➡feeling no pain で「酔って、気持ちがいい」といった感じになります。この意味を表すときには必ず feel を進行形で用いてください。本当に「痛みを感じない」という場合は、I don't feel any pain. のように言います。

④ **The bee sting caused a sharp *pain*.**

ハチに刺されて、ものすごく痛かった。

➡ pain の前に sharp が付いていますから「かなりの痛み」ということになります。

⑤ **He is *a pain in the neck*.**

あいつは本当にいやなやつだぜ。

➡ a pain in the neck で、比喩的に「いやなやつ」という感じを表しています。これをもう少しスラング的に言うと、a pain in the ass となります。これはかなり汚い表現ですので使う場面を考えてください。

また pain に in the neck が付いていなくても同じような意味で使うことがあります。

⑥ **She is *a* real *pain*.**

彼女にはまいるよ。

pain を数えられない名詞として用いると、「精神的痛み、悲しみ」などを表すことになります。

⑦ **His remark gave her much *pain*.**

彼の言葉で彼女はひどく心を痛めた。

pain を複数形で用いると、「骨折り、苦労、努力」などの意味を表します。

⑧ **The teacher *takes* great *pains* with her students.**

その先生はよく生徒の面倒をみる。

➡ take pains で「骨を折る、努力する」という意味になります。

⑨ **We *take* great *pains* to ensure the safety of our passengers.**

乗客の安全には多大な努力を払っています。

⑩ **He *took* great *pains* to make the money.**
彼はその金を作るのに苦心した。

　話は違いますが、子どもが成長過程で胸や足に痛みを訴えることがあります。これを英語では growing pains と言いますが、日本語ではどう言えばいいのでしょうか。辞書を引くと「成長期神経痛」とありますが、普通の日本語では何と言うのでしょう？

CD 43

PAY

　pay の基本概念は、money given for things or work で「賃金」「報酬」「給料」を表す最も一般的な語です。

① **The *pay* is good, but I don't like this job.**
給料はいいけれど、この仕事は好きじゃない。

② **Tomorrow is my *pay day*.**
明日は給料日です。

③ **Employees are demanding a six-percent *pay hike* this year.**
今年は6パーセントの賃上げ要求が出ている。
　➡ pay hike は pay raise と言い換えても同じ意味になります。

物に対するpayの使い方として、皆さんもよくご存じの表現にa pay phone「公衆電話」があります。

④ **Where is the *pay phone*?**
公衆電話はどこですか？
➡これによく似た表現としてpay TV、つまり「有料テレビ」があります。

payrollという語は給料の「支払名簿」を表す語ですが、on the payrollというように使うと「給料が払われている状態」を意味します。

⑤ **Tom is 90, but he is still *on the payroll*.**
トムは90歳だけど、今だに給料を稼いでいる。

payがin the pay of ～という形で使われると、「～に雇われている」という意味になります。この「～に雇われている」には「秘密裏に」という意味合いが含まれ、多くの場合、あまりいい意味では使われません。

⑥ **We found that he was *in the pay of* our rival firm.**
あの男はライバル会社に雇われていたことが判明した。

日本人英語学習者の中にはpayとpaymentを混同している方がいますが、payは「賃金・報酬」、paymentは普通「支払う行為」あるいは何かに対して「支払われるべき金」たとえば「返済金」などを意味しますので使い方に注意してください。

payに関連した語として**wages**があります。これは時間給・

日給など短期間ごとに支払われる賃金を意味します。そして多くの場合、頭脳労働者よりも肉体労働者に対して使われます。またwagesは成句として、たとえばwage-earnerのように使われる以外は、通常wagesと複数形で用いられますので、スペルアウトするときには気をつけてください。

⑦ **His *wages* are 50,000 yen a week.**
彼の給料は週5万円だ。

「賃金」という意味を持つもう1つの語としてsalaryがあります。**salary**は「月給」つまり1か月単位で支払われる給料で、普通は現金ではなく銀行口座などに振り込まれるものを表します。具体的に説明すると、wagesの場合、たとえば工事労働者などで天気が悪いと仕事にならず、お金がもらえないのに対して、salaryの方は、何があってもきちんと決まった額のお金が1カ月単位で支払われるわけです。

⑧ **We are ready to offer you a *salary* of ten million yen a year.**
うちは年俸1千万円支払う用意があります。

pay、wages、salaryが労働した結果としての賃金を表すのに対し、働かなくても入ってくるお金、たとえば株の投資などで自分に入ってくるお金まで含んだ収入所得を表す語として**income**があります。つまり、annual salaryとannual incomeでは、人によってその金額がまったく違うものになるわけです。

⑨ **The number of *double income families* is on the rise.**
共働きの夫婦が増えている。

PEOPLE

　people は複数扱いで、「人の集まり」= persons の意味で用いられます。また単数扱いで集合的に「国民」の意味でも用います。people は本来「人の集合」を意味しますが、これと意味合いが近い単語には race 、nation があります。そして場合によっては、country もそこに含まれます。people が「国民」を意味する場合には、文化的、社会的に同じ価値観を持つ集合体ということになります。

　nation の場合には、政治的色合いが増します。言うならば、「あるひとつの政府の下にいる人々」という感じです。また、nation は対外的に見た場合、政治的な同一性を表すことになります。ですから、The United Nations とは言いますが、The United Countries とは言わないのです。

　race は生物学的な特徴に基づいていると言えます。たとえば肌の色や鼻の高さなど、骨格上の共通点がある人々を指します。

　country は、地理的条件、文化、政治、その他諸々を含んだ総合的な国を表す、と覚えておくとよいでしょう。

① **Americans are *a people* and a nation, not a race.**

　アメリカ人というのは、同じ文化的、社会的価値観の下に集う人々であり、一つの国家を形成してはいるが一つの人種ではない。

➡この文には people 、nation 、race のニュアンスの違いがよく出ていると思います。アメリカ人といっても、白人で金髪、青い目とは限りません。私のように東洋系の人種もいるのです。アメ

リカ人とは、人種的にはいろいろ違いはあるが、ある同一の価値観の下に集まって国を作っている人々である、ということを述べている文なのです。

② **The dictator betrayed his *people*.**

独裁者は国民を裏切った。

➡この場合の people は「国民」といった感じでしょうか。

③ ***People say* it is difficult to enter college and easy to graduate in Japan.**

日本では大学に入るのは難しく、出るのは易しい。

➡日本人は何かというとすぐに It is said that ～を使いたがりますが、一般論を述べる場合には、この People say ～を使ってください。

④ **How many *people* came to the party?**

何人パーティに来た？

➡この people は persons の意味ですね。

⑤ **City *people* are used to heavy traffic.**

都会人は交通混雑に慣れっこだ。

➡ people はこのように、ある一定のグループを指して使うこともできます。

⑥ **The whole *country* celebrated the holiday.**

国中がその祝日を祝った。

➡この場合 country を用いることで、「そこに住んでいる人々すべて、国中の人みんな」という地理的な要素が含まれることになります。

⑦ **On the first day of the war, the President spoke to the *nation* on television.**

開戦の日、大統領はテレビを通じて国民に語りかけた。

➡ このように、「人々に」の意味に政治的な意味合いが強い場合には、nation を用います。

⑧ ***Nations** in the region criticized the treaty.*
その地域の国家は、こぞってその条約を批判した。

CD 45

PLAN

　これから何かしようとすること、いわゆる「計画」を表す一番一般的な語はもちろん plan です。これはカタカナ語の「プラン」として日常的に使われていますね。まあ、plan はこれからする事なら何にでも使えるので、plan を用いていれば問題はありません。

　最近気になるのは、この plan の代わりに scheme を使う日本人が増えていることです。響きが plan よりカッコイイのかもしれませんが、企業人などにこの scheme を好んで使う人が増えているのは困ったことです。

　実は、英語の scheme はあまりよい感じのする語ではありません。日本のマスコミでもたびたび話題になるマルチ商法、ねずみ講、投資詐欺は、英語では Ponzi scheme と呼ばれているのを知っている日本人は少ないようです。1920年代にイタリア移民の Charles Ponzi という人が始めた投資詐欺からこの名前が付きました。(ねずみ講は pyramid scheme とも呼ばれます)

　確かにイギリス英語では、公共事業計画を scheme と呼びますが、

アメリカ英語では悪いイメージしか scheme にはありません。

project は、何かを成し遂げるための長期の計画を表します。

strategy は、何かを成し遂げるための一連の綿密な計画を表します。

plot は、政府や指導者に対して害を加える秘密の計画を表します。

似た語に、複数の人が企てる conspiracy があります。

① **Have you made *plans* for the summer?**

夏の計画は立てた？

➡ 夏にやることはひとつだけとはではないので、plan は複数形になっています。

② **We have no *plans* to sell the house.**

私どもでは家を売る予定はありません。

③ **Now we have *a change of plan*.**

計画変更だ。

➡ a change of plan で、計画変更を表します。この成句では plan は無冠詞で用います。

④ **This kind of thing never goes *according to plan*.**

こういうことは計画どおりには行かないものだ。

➡ according to plan も成句です。

⑤ **The *project* to build a new subway will take ten years.**

新しい地下鉄を建設する事業は 10 年かかるだろう。

⑥ **The housing *project* has been jettisoned.**

住宅事業は頓挫した。

⑦ **The politician has been arrested for his *scheme* to evade taxes.**

その政治家は、脱税を画策したとして逮捕された。

➡ scheme は、まさに悪だくみです。

⑧ **It is a *scheme* to cheat old people out of their money.**

それはお年寄りから金をだまし取ろうという企みだ。

⑨ **The FBI has uncovered a *plot* to hijack the plane.**

FBI は、その飛行機のハイジャック計画を暴いた。

⑩ **The president had a meeting to discuss military *strategy* for the area.**

大統領は、その地域の軍事戦略を話し合うために会議を開いた。

CD 46

POWER

power は日本語でも日常的によく使われる言葉ですが、実際に英語として使いこなすのはなかなか難しいですね。Plain English で、使い方をじっくり学んでください。power は ability to do something あるいは capacity for something、つまり何かをする力・能力を表します。また、力・能力を表す語の中では最も一般的で、いろいろな使い方があります。

① **We have to cultivate the *power* of observation.**

観察力を養わねばならない。

➡ この例文の場合、動詞は cultivate が適しています。

② ***Buying power* is growing in the area.**

その地域は購買力が向上している。

➡ buying power は、文字どおり消費者などの「購買力」を表します。

③ **His *will power* is great.**

彼の精神力は大したものだ。

➡ will power は、「意志の力」ということです。

④ **He can run very fast for a short distance, but he has no *staying power*.**

やつは短距離は速いけれど、持久力がない。

➡ staying power とは endurance、つまり「持久力」の意味です。

⑤ **People say Japan is an economic super *power*.**

日本は、経済超大国と言われる。

➡ power という語は影響力を持つ重要な国という意味でも用いられます。ここでは、super を付けてさらにその意味が強調されています。

⑥ **A *power failure* occurred in the area yesterday.**

昨日、その地域に停電があった。

➡ power は何かをするためのエネルギー、つまりここでは電力を意味することになります。また power failure は blackout で言い換えることもできます。

⑦ **Kelly is a *powerhouse*.**

ケリーは元気印です。

➡ powerhouse という語は、本来は「発電所」を意味しますが、上の例文のように用いて「元気いっぱいで精力的な人」を表すことがあります。また、a man of power と言えば、「力の強い人」のことです。この「力が強い」というのは肉体的というだけでな

く、「権力を握っている」も意味します。

⑧ **Mr. Putin *came to power* that year.**

プーチン氏はその年、権力の座についた。

➡ この場合、come to power は「権力を握る」という意味になります。

⑨ **The political party has been *in power* for one year.**

その政党は1年間、政権の座についている。

➡ 政権は in power で表せます。

また、power は数学の「乗」も表します。

⑩ **64 is the third *power* of four.**
4 to the third *power* is 64.

64 は 4 の 3 乗です。

➡ power
　　　↓
　　4^3 = 64
　　↑　　　↑
　base　product

「権力」という意味では power の他に authority、control などがあります。また、一般的な「力」という意味では power に最も近い語は energy です。**energy** は power とほとんど同じですが、どちらかといえば potential な power を意味します。

⑪ **Solar *energy* is being used to produce electric power.**

太陽エネルギーは、電力を作り出すのに使われている。

➡ この例文からわかるように、太陽エネルギーは放っておいては

力になりません。それを利用して初めて power が生まれるのです。これで energy と power の違いがわかると思います。しかし、多くの場合、energy も power も interchangeable です。

energy はまた、potential な power ですから vigor も表します。

⑫ **The kid is *full of energy*.　He can't keep still.**

あの子が力がありあまっていて、じっとしていられない。

➡この場合には何かをするとまで言っているわけではありませんが、「力」がありあまっている様子が出ています。この文では energy を power で言い換えることはできません。

⑬ **We have to be ready for the *energy* crunch.**

エネルギー危機に備えなくては。

➡ crunch は shortage、あるいはもっと強く言えば crisis と同じです。

⑭ **He knows many *energy saving* tips.**

彼は省エネの仕方をいくつも知っている。

energy を複数形で用いると「活動力、行動力」となります。

⑮ **We have to concentrate our *energies* on the project.**

その計画に全力を傾けよう。

➡人の精神的、肉体的なパワーを指す場合、energies と複数形で用います。

power をもっと具体的に、人または物の中に内在しているものとしてとらえると、strength になります。この strength と power の違いは、**strength** が「何かをする力」だけでなく、「抵抗、

耐える・我慢する」能力まで持っていることです。

⑯ **She had great *strength* of character. She could endure her husband's death.**

彼女は夫の死も耐えられるような強い性格だ。

➡ この場合も strength を power で置き換えることはできません。

⑰ **That guy didn't have enough *strength* of mind. He couldn't say "No."**

あの男は気が弱くて「No」と言えなかった。

⑱ **He is a man of great *physical strength*.**

あの人の体力はすごい。

➡ physical strength で、身体的強さを意味します。

⑲ **Foreign language skills are part of his *strength*.**

外国語能力は彼の強みだよ。

⑳ **Try the *full strength* Tylenol.**

強力タイラノールをお試しください。

➡ ちなみに「タイラノール」は鎮痛剤です。

power や strength が、実際に何かをするために使われた場合は **force** となります。

㉑ **The *force* of gravity pulls things to the center of the earth.**

重力は物体を地球の中心へ引っ張る。

㉒ **That rule is still *in force*.**

その規則はまだ生きている。

➡ この force は、use あるいは effect と同じ意味です。

㉓ **He lacks *force*.**

彼はいまいち迫力に欠ける。

CD 47

PRICE

price は、the amount asked or paid for something という意味で、「何かに対する代価」を指します。つまりお金を表す場合なら「値段」、比喩的に使われる場合なら「代償」ということになります。price が「値段」として用いられる場合は、主として実際に物理的に存在するもの、つまり物品に対してです。

① **The *price* of beef is very high here.**
ここは牛肉の値段がとても高い。

② **Land *prices* are skyrocketing.**
地価が高騰している。

③ ***Prices* are rising.**
物価が上がっている。
➡ price をこのように冠詞を付けずに複数形で用いると、一般の物の値段、つまり「物価」という意味になります。

④ ***Mark the price* on each item.**
それぞれに値を付けてくれ。
➡ mark the price で「品物などに値を付ける」という意味になります。

⑤ **I would like to quote a *price*.**

160

お値段のお見積りをさせてください。

→ quote は「値段を見積もる」という意味です。

⑥ **You can't put a *price* on that kind of thing.**

そんなことに値は付けられない。

⑦ **That is the *price* of success.**

それは成功の代償だ。

→ この price は比喩的な意味なので、日本語にすれば「代償」になります。

⑧ **Freedom *has its price*.**

自由にはそれなりの犠牲が伴う。

⑨ **You have to *pay the price*.**

そろそろ年貢の納め時だ。

⑩ **You don't have to seek wealth *at the price of* health.**

健康を犠牲にして富を求めることはない。

⑪ **I wanted it *at any price*.**

どうしても私はそれが欲しかった。

⑫ **It is *beyond price*.**

値が付けられないほど価値がある。

→ beyond price は priceless と同じ意味です。

price は主に品物に対して売り手が要求する値ですが、service に重点を置くと charge という語を用います。

⑬ **There is no *charge* for delivery.**

配達は無料です。

→ この場合、charge は delivery というサービスに対して要求さ

れているものです。

⑭ **All the items are delivered *free of charge*.**

商品はすべて配達無料です。

➡ free of charge で charge がかからない、つまり「無料」という意味です。

free of charge の of charge を取って free だけでも「無料」の意味で使います。日本人には、free を「自由に」という意味の freely と混同している人も多いので気をつけましょう。

⑮ **We *make no charge for* it.**

(それについては)お代はいただきません。

⑯ **No extra *charge* is needed for shipping and handling.**

送料と手数料として別料金はかかりません。

⑰ **There is no *charge* for admission.**

入場無料。

➡ これも簡単に Admission Free と言ったりします。

cost は品物・サービス両方に使います。これが price や charge と異なる点は、cost はお金にしても労力にしても、実際にかかった分そのものを指します。次の2つの例文をまず見てください。

a) The price of the house is very high.
b) The cost of the house is very high.

a)の方は家の売値を指していますが、b)はその家にまつわる諸々のこと、たとえば水道料金とか管理費とか、つまり家を持つことでかかる費用すべてを指しているわけです。これで price と cost の違いがわかると思います。

⑱ **This charge is very small, covering the *cost* of labor and material.**

この料金は微々たる物で、材料費と工賃のみですよ。

➡ charge とはこちらが相手に要求している金額ですが、それが材料や労働にかかる費用をカバーするということです。

⑲ **We have to sell these *below cost*.**

原価を割って売らなくては。

➡ つまり、ここで付けられる price は、cost 以下になるということです。

⑳ **_Living costs_ are rising.**

生活費は上がる一方です。

➡ これも生活にまつわる一切の費用を総称して言っていることになります。

㉑ **I will sell you this *at cost*.**

君にはこれを原価で売ってあげよう。

➡ below cost で「原価を割って」という意味でしたが、at cost と言うと「原価で」という意味になります。

㉒ **I have to catch the plane *at all costs*.**

是が非でもあの飛行機に乗らなくては。

➡ この場合の at all costs は、前述の at any price あるいは at any cost と同じと考えて結構です。

㉓ **We have to *count the cost*.**

先の見通しを付けないと。

➡ count the cost で「事前に何かにまつわる不利な事柄を考えてみる」です。

最後に、feeとchargeの違いをよく聞かれるので、私の語感を述べておきます。基本的にはfeeもchargeもほとんど同じですが、feeはあらかじめいくらいくらと金額が設定されている料金で、一回払えばそれで終わりになります。たとえば会員の登録料とか年会費などです。それに対してchargeはserviceの大小によって変わり得るのです。たとえば水道など公共料金は使えば使うほど高くなりますね。このようなものはchargeなのです。

RATE

　何かの「割合」「比率」を表す英語は、主なものに rate と ratio がありますが、日本人学習者の中にはこの2つの語を混同している人が多いようです。この際、この2つの語の違いや使い方をしっかり覚えましょう。

　まず rate ですが、rate はある期間内、あるいは基準値に対してどれくらいの頻度または数量で物事が起こるのかを表す語です。たとえば birth rate（出生率）は、国連の統計基準では人口 1,000 人あたりに対して年間で何人の人が生まれるかを示しますが、これを英語で言うと the nativity per 1,000 people per year となります。

　コンピュータで使われる bit rate も、1秒間にどれくらいの量を処理できるかを表します。

　rate はしばしば百分率で表示されますが、100分のいくつということですから、その場合でも 100 という基準値が存在します。

　また rate は弁護料などを表す際に、1時間あたりいくらとなるので時間という基準値を元にした料金を表します。両替も1ドルいくらとなるので exchange rate となるわけです。

　これに対して ratio は、ある2つのモノの間の関係や割合を表します。つまり ratio は、通常 1:3（発音する場合は、one to three）のように、何対何という形で表示します。よく英語が母語の人でも ratio を percent で表す場合がありますが、これは正しい ratio の用法ではありません。

　ratio よりもう少し technical な響きのある語に proportion がありま

す。表示の仕方は ratio とまったく同じです。

　proportion はまた全体に対する釣合いも表すところから、体つきも表します。その場合、必ず proportions と複数形で用います。

① **The unemployment *rate* stands at 5.6 percent.**
　　失業率は 5.6 パーセントである。

② **The economic growth *rate* was 1.5 percent last year.**
　　昨年の経済成長率は 1.5 パーセントだった。

③ **The crime *rate* is rising in the area.**
　　その地域で犯罪率が上昇している。

④ **What's the interest *rate* now?**
　　今、利率はいくらですか？

⑤ **The school is trying to improve its student-teacher *ratio*.**
　　その学校は、生徒対先生の人数の比率を改善しようとしている。

⑥ **The *ratio* of men to women is five to one in our office.**
　　うちの職場の男女比は 5 対 1 です。

⑦ **The *proportion* of men to women is two to one in my college.**
　　うちの大学の男女比は 2 対 1 です。

⑧ **Water covers a large *proportion* of the surface of the earth.**
　　地球の表面は、大部分が水に覆われている。
　➡この場合、proportion は全体の部分を指すので、ratio を代わりに用いることはできません。

⑨ **The lady has good *proportions*.**

あの女性はとてもプロポーションがいい。

➡ この場合、必ず proportions と複数形で用います。

CD 49

RESPECT

respect の基本概念は、recognition of worth with or without liking です。つまり、好き嫌いは別として「何らかの価値を認める」ということです。そして「何らかの価値を認める」対象が人である場合には、どことなく自分よりも superior なものに対する認識の意識が含まれます。

① **We should show *respect* for our elders.**

目上の者に敬意を払うべきだ。

② **We should show *respect* for public property.**

公共物を大切にしましょう。

➡ この文の respect の場合は、care や consideration に近い意味合いです。

③ **You have to treat your opponent with *respect*.**

相手に礼を尽くせ。

➡ この文は、「好きではない対戦相手に対しても、それなりの敬意を払う」ということです。この例文を見れば、respect の意味合いがよくわかると思います。

④ **Every nation shows *respect* for its flag.**
国家は国旗を尊重する。

⑤ **He could win the *respect* of its people.**
彼は国民の尊敬を得た。

　respect が複数形で用いられると、実際の「言動による敬意、挨拶、ごきげん伺い」という意味になります。

⑥ **Give him my *respects*.**
彼によろしくお伝えください。

⑦ **I am here to pay my *respects* to your father.**
お父さまにご挨拶に参りました。

⑧ **She went to pay her *respects* to her teacher.**
彼女は先生のところへごきげん伺いに行った。

⑨ **His family came to pay their last *respects* to him.**
家族が彼に最後のお別れに来た。

➡この文のように、死者への最後のお別れを表す場合も respect を用います。

　respect と似た意味を持つ語として regard があります。この2つの語は基本的には同じ意味ですが、**regard** は respect に比べると少し形式的、あるいは無味乾燥な感じがします。また、reagard は respect と同じく、「何かを認めて敬意を払う」のですが、人に対して使うときは、どちらかといえば立場が上の者が下の者に対する気持ちを表す場合が多いようです。少なくとも私自身は、regard を母国語としてそのような感じで使っています。

⑩ **He is very happy to have won his employer's *regard*.**

彼は雇い主に認められてとてもうれしい。

➡上の文のような場合、英語を第一言語としている人は、regard の代わりに respect を使うことはまずありません。

⑪ **Have *regard* for the wishes of others.**

他の人の希望も考えなさい。

➡この場合の regard は、consideration（考慮、配慮）に近い意味合いになります。

regard の複数形は、ご存じのように挨拶の表現として用いられます。

⑫ **Give my best *regards* to your brother.**

お兄さん(弟さん)によろしくね。

➡前述の respects に比べると少し軽い感じになります。

⑬ ***Best regards.***

敬具。

reverence は、respect よりさらに深い敬意、あるいは feelings of love mixed with honor or respect といった気持ちを表す場合に用います。

⑭ **To remove your hat is a sign of *reverence*.**

帽子を取るのは敬意の印です。

⑮ **The boy felt *reverence* for the writer.**

少年はその作家を敬愛した。

respect に「ある種の服従」というか「譲る気持ち」、つまり putting others' wishes or opinions before one's own という意味

合いが加わった語として **deference** があります。

⑯ **We have to show some *deference* to the personnel department.**

　人事部の顔も立てませんとね。

⑰ ***In deference to* his parents' wishes, he said he would go onto college.**

　両親の意向を尊重して、彼は大学に進学すると言った。

　➡ deference は、respect を具体的に示す行為とも言えます。difference と発音が似ているので注意してください。

SICKNESS

　よく皆さんから sickness と illness はどのように違うのかという質問を受けますが、この2つの語は実際のところはあまり違いはありません。とはいうものの、このように答えてしまったのでは質問の回答になりません。この2つの語の違いは、もとの形である形容詞を使って説明した方がわかりやすいと思います。

　sick も ill も、ともに「健康がすぐれない」こと、すなわち「病気である」ということを表します。この2つの語の違いは意味よりもむしろその使い方にあると言えます。「具合が悪い」という意味の場合、ill は叙述用法でしか使うことができません。つまり、He is ill. とは言いますが、He is an ill man. とは言わないのです。この ill が修飾的（限定用法）に使われると、「邪悪な、悪い」という意味になります。つまり、ill feeling と言えば「気持ちが悪い」ではなく、「悪意、敵意」ということになるのです。

　これに対して sick は修飾的に用いて、He is a sick person. というように使うことができます。また、sick も ill と同様に、叙述的に用いたときには「具合が悪い」という意味になります。ただし、イギリス英語では「吐き気がする」という意味になるようです。私の使うアメリカ英語では He is sick. と言っただけでは、「具合が悪い」のか「吐き気がする」のかは、前後の文脈を見なければわかりません。

　また、sick は叙述的に用いると「嫌悪感」を表すこともあります。I'm sick of this. と言えば「こんなことはうんざりだ」という意味になります。

さて本題の名詞 sickness に戻ることにしましょう。sickness と illness の違いをあえて言うならば、sickness は「気分がすぐれないこと」、illness は「不健康、病気の感じが強い」ということになるでしょう。話はまた形容詞に戻ってしまいますが、次の2つの例文のような場合には私は ill ではなく sick を使います。

He has been sick with the flu for several days.
（彼はここ数日インフルエンザで具合が悪い）

He is very sick with fever.
（彼は熱でとても具合が悪い）

少し角度を変えて見れば、sickness は a particular illness と言えるかもしれません。

① **He suffered from *mountain sickness*.**
   彼は高山病にかかった。

② **I don't have any *morning sickness*.**
   私は全然つわりがないの。

   ➡他の sickness を使った表現としては motion sickness（乗り物酔い）などがあります。この場合 sickness を illness に置き換えることはできません。illness は単独で「不健康な状態」を表すことが多いのです。

③ **He is liable to *illness*.**
   彼は病気にかかりやすい。

   ➡この文のような場合には、sickness は用いません。もう1つ illness を使った表現を取り上げておきましょう。

④ **He didn't show up.　He *feigned illness*.**
   やつは仮病を使って来なかった。

➡ feign illness で「仮病を使う」という意味になります。

　illness は「具合の悪い状態」を表しますが、これに対して「具合の悪い状態の原因そのもの」に言及する言葉として **disease** があります。ですから disease の訳語の1つとして「疾患」という表現があるのです。医者が治療法を見つけようと必死になるのは disease に対してで、illness に対してではありません。また、disease は infection、あるいは体内の何らかの growth によって引き起こされるもので、事故や怪我などによって起こるものではありません。disease は概念として述べる場合には数えられませんが、1つの具体例として扱うときには数えることができます。

⑤ ***Disease* may be worsened by anxiety.**
　病は気から。

⑥ **AIDS is a fatal *disease*.**
　エイズは死に至る病気だ。

⑦ **He is suffering from heart *disease*.**
　彼は心臓病を患っている。

⑧ **It is an *occupational disease*.**
　職業病です。

　また、disease は精神的あるいは社会的に見て、不健全な状態を比喩的に表すこともできます。

⑨ **Audio is my *disease*.**
　私のオーディオ好きはもう(ほとんど)病気です。

　disease をもっと強い意味で表現しようとするなら plague と

いう語があります。**plague** の意味は、a very dangerous disease that spreads rapidly and often causes many deaths です。

⑩ **AIDS is a *plague* of the century.**
エイズは今世紀最大の病気だ。

disease よりはもう少し控え目に病気のことを表す場合には、**complaint** を用います。

⑪ **I have an eye *complaint*.**
私には目の病気があります。

➡ complaint を用いた他の表現としては、a chronic complaint (持病)というものがあります。

CD 51

SIGN

sign は大きくわけて2つの概念でとらえることができます。1つは「これから起こる事の前触れ」を意味します。もう1つは時間的な問題ではなく、あるものの「特質の現れ」を示します。

まず、「前触れ」の意味から紹介します。

① **Dark clouds are a *sign* of rain.**
黒い雲は雨の前触れだ。

② **Ume blossoms are a *sign* of spring.**
梅は春の訪れを告げる花だ。

この前触れがもう少し神がかってきて、宗教的ニュアンスが加わる場合には **omen** を用います。この omen は映画の題名にもなりましたが、不吉なことの前兆だけに限らず、良いことの前兆を指す際にも用いられますので注意しましょう。

③ **John said, "I stepped on droppings." And I said, "Oh, it's a good *omen*."**

ジョンが「糞を踏んづけちゃった」と言ったので、私は「何か良いことのある前触れだよ」と言ってやった。

➡これからもわかるように、omen は sign と比べると、かなり迷信的・主観的な前触れで使うことがあります。

④ **Spilling salt is an *omen* of misfortune.**

塩をこぼすのはよくないことの前触れだ。

➡日本では、塩は逆に清いものとされているようですが、文化の違いとは面白いものです。

また、これから起こる事の前触れも、ちょっと気取って言いたければ、**harbinger** という語を使います。harbinger はもともとは「何か先に来るもの(forerunner)」という意味があります。

⑤ **That is a *harbinger* of inflation.**

それはインフレの前兆だ。

もう1つの、何かの「特質の現れ」の方を見てみましょう。

⑥ **There are no *signs* of life here.**

ここはまったく人の気配がない。

⑦ **That's a *sign* of the times.**

それは時代の証しだよ。

175

⑧ **Fever is a *sign* of infection.**
   熱は感染の証拠です。

   このような病気の症状を表す場合には、他に **symptom** という語が使えます。

⑨ **Sneezing is a *symptom* of cold.**
   くしゃみは風邪の兆候だ。

   また、sign は indication と同義語であるため、日本語でいう「標識」の意味になるのは皆さんもご存じのところです。

⑩ **The *sign* says "Stop."**
   標識には「止まれ」と書いてある。

   この sign と同じように、何かの現れを意味する語には他に mark があります。**mark** は sign よりもっと意味が狭く、あるものの character を表す度合いが強いときに用いられます。

⑪ **What's this?　Oh, it's a *birthmark*.**
   これは何ですか？　生まれつきのシミ(あざ)です。
   ➡皮膚科に行ったりすると聞かれる質問ですが、生まれたときからあるシミやあざは birthmark と言います。

⑫ **Courtesy is a *mark* of good breeding.**
   礼儀正しいのは育ちの良い証拠だ。
   ➡これなど good breeding が character を表す言葉なので、sign より mark の方がぴったりです。

⑬ ***On your mark*.　Get set.　Go.**
   位置について。用意、ドン。

markはまた、何かの特質そのものを表すところから、それ自体が「しるし」になります。

⑭ **His answer is *beside the mark*.**

彼の答えは的外れだ。

➡ここでは mark の代わりに point を用いてもよいでしょう。

⑮ **That guy is an *easy mark*.**

あいつはカモだ。

➡この場合は mark は target と同じです。たやすい target なので日本語では「カモ」と言いますね。

markが出てきたついでに landmark も覚えておきましょう。**landmark** は英和辞典などでは「陸標」などと載っていますが、実際には形容詞的にも用いられ、日本語の「画期的」にあたる言葉です。

⑯ **It's a *landmark* decision.**

それは前例のない判決だ。

⑰ **Peace Park is Hiroshima's major *landmark*.**

平和公園は広島のシンボルです。

➡このように物理的に実際存在するもののシンボルは、英語では landmark を用います。

英語の **symbol** は概念など、目に見えないものに対して使います。

⑱ **Peace Park is a *symbol* of peace.**

平和公園は平和のシンボルです。

話は戻りますが、mark にはあるものの「特質」という意味もありましたが、さらに進んで「基準」をも意味します。ただし、この場合は否定文に用いるのがふつうです。

⑲ **He is not *up to the mark*.**

彼は基準に満たない(並以下だ)。

最後に mark は皆さんの好きな「点数」も表します。この場合、普通は複数形で用いられます。

⑳ **I've got poor *marks* in math.**

数学の点が悪かった。

CD 52

SIN

法律上の罪を表す crime に対して、道義上、宗教上の罪を表す語として sin があります。original sin と言えば宗教で言う「原罪」のことです。

① **Telling a lie is a *sin*.**

嘘をつくことは罪である。

② **To waste money on such a thing is a *sin*.**

そんなものに金を浪費するなんてバチ当たりなことだ。

③ **It is a *sin* to waste taxpayers' money.**

血税を無駄にするのは罪悪だ。

上の例からもおわかりのようにsinもoffenseと同じように比喩的に用いられると、offenseと同じような意味になります。

live in sinと言うとto live as man and wife without being marriedという意味になります。

④ ***Living in sin is becoming a way of life.***
同棲も今や当たり前になりつつある。

他に関連する語として**misdemeanor**があります。misdemeanorはminor offense、つまり「軽犯罪」を意味します。

⑤ **Stealing one-thousand yen is a *misdemeanor*.**
千円盗むのは軽犯罪である。

felonyという語はany crime more serious than a misdemeanorを意味します。通常米国では1年以上の懲役刑、もしくは死刑に相当する罪がこれにあたります。具体的に言えば、murder、burglary、blackmailなどです。

また「人を殺す(homicide)」という意味を持つ語でも、murderとmanslaughterではその意味合いが違ってきます。murderはmalicious, premeditated homicideで、はじめから殺意を持って殺したことになります。

これに対してmanslaughterは、without intentつまり殺そうと思って殺したのではない殺人を意味します。具体的に言えば、交通事故などで誤って人をひき殺してしまった場合などが、これにあたります。

SITUATION

　人やモノがどのような状況にあるかを表す一番一般的な語はsituationです。situationを別の英語で言えと言われたら、what is happeningです。要するに、今実際に起こっている状況を指します。見方を変えれば、事実（fact）と同じとも言えます。刻々変わる状況の一時空を指しているので、situationは当然可算名詞として用います。

　同じ登場人物が、いろいろ異なる状況や場面でどのように行動するかを描いたコメディ番組はsituation comedy、略してsitcomと呼ばれます。

　また、日本の英語学習者にはなじみの薄い使い方だと思いますが、「難局」「重大事」を表すことがあります。a situationで、映画などによく出てきます。

　単に人やモノの状況だけではなく、それを取り囲む、あるいはその状況に影響を与える要素も含めた全体的状況を表す語には、circumstances、conditions、environmentがあります。この3つの語は、全体的状況を表すという意味ではほとんど同じです。最初の2つの語circumstancesとconditionsは、この全体的状況を表す場合、必ず複数形で用います。

　それに対してenvironmentは単数で用いるのが普通です。

　またcircumstancesは、公的な意味で用いられると人の収入、住所、婚姻の有無など、ある人を取り囲むすべての状況を指します。

① **I don't want to sell our house in the present *situation*.**

今の状況では家を売りたくない。

② **In the current economic *situation*, it is not a good idea to invest money overseas.**

現在の経済状況では、海外に投資するのは好ましくない。

③ **The political *situation* is unstable in the country.**

その国の政局は不安定だ。

④ **I would have done the same in your *situation*.**

あなたのような状況に置かれたら、私も同じ事をしたでしょう。

⑤ **We have *a situation* here.**

困ったことになった。

➡刑事物などの映画でよく出てきます。

⑥ **Please contact your Social Security office if there is any change in your *circumstances*.**

届出事項に変更があった場合は、社会保障局事務所に連絡してください。

➡米国では銀行口座開設、免許取得、雇用などの際、必ずSocial Security番号が必要ですが、住所変更や婚姻などによる名前の変更があった場合、届け出なければなりません。

⑦ **Business *conditions* are good in the area.**

その地域は、景気がいい。

⑧ **Latest reports suggest that *conditions* are getting worse in the area.**

最新の報告では、その地域の状況は悪化しているとのことだ。

⑨ **We have to create an *environment* in which people can fulfill their potential.**

人々が自分の能力を発揮できる環境を作らなければならない。

SIZE

sizeの基本概念は、the amount of surface a thing takes up です。つまり length（長さ）、width（幅）、height（高さ）、あるいは depth（奥行き）を全部含めて全体的に見た大きさを言います。

① **The two kids are *of the same size*.**

その2人の子どもは同じ体格をしている。

➡この場合、身長だけでなく横幅も同じ、つまり全体的に見て同じ大きさということです。

② **Quality comes before *size*.**

大きさより質の方が大切です。

③ **We have this jacket *in* three *sizes*.**

このジャケットは3サイズございます。

➡こういった size の使い方はもう日本語化していますね。

④ **What's your *size*?**

サイズはいくつですか？

⑤ **My shirt is *size* seventeen.**

私のシャツは17号です。

➡英語でサイズがいくつと言う場合は、上のように何も冠詞などを付けずに size ～と言えばよいのです。今度アメリカなどで衣類を買うようなことがあったら、ぜひ使ってみてください。

⑥ **These pies are *of a size*.**

このパイはみんな大きさは同じです。

➡️意味的には、of the same size も of a size も同じになります。ただし of a size の方は大きさが1つ、つまり一律という感じになります。

⑦ **_Try_ the jacket _for size_.**

試しにジャケットを着てみてください。

➡️ for size で「サイズを確かめるために」という意味です。

⑧ **_That's about the size of it_.**

まあ実体はそんなところです。

➡️ the size of ～で「～の実状、実体」という意味になります。この意味で size を用いるときには、上の例文のように決まった言い方で使うのが普通です。

⑨ **Someone is going to _beat_ you _down to size_.**

今に誰かにガツンとやられるぞ。

➡️ beat（cut）～ down to size は、人に「本人が思っているほど偉くないと思い知らせる」、あるいは「謙虚にさせる」という意味です。つまり、思い上がっている人を本人のサイズ(実体)まで下げてやるわけです。

⑩ **I'm sure he will _take_ her _down to size_.**

彼なら彼女の鼻っ柱をへし折ってくれるよ。

➡️これも beat ～ down to size と同じ意味になります。

size と同じような意味を持つ語に bulk があります。**bulk** は三次元的 size（大きさ）で、しばしば「大きいこと」を暗示します。ですから bulk の形容詞形 bulky は日本語の「かさばる」の意味になります。

⑪ **He is a man of large _bulk_, so to speak.**

彼は立派な体格ですよ。

→ man of large bulk（立派な体格の人）は、たとえばマグワイヤなどを思い浮かべていただければわかりやすいですね。

⑫ **We buy food *in bulk*.**

うちでは食料はまとめ買いします。

→ in bulk で「大量に」「大口で」という意味になります。

⑬ **You can buy blank CDs *in bulk*.**

CDはまとめ買いできるよ。

⑭ **The *bulk* of the work is done.**

仕事の大半は済んでいる。

→ この場合の bulk は most of ～ と同じ意味です。

⑮ **The freighter is *breaking bulk*.**

貨物船は荷下ろしを始めている。

→ break bulk で、「積み荷を降ろす」ことを意味します。

⑯ **I have to throw away *bulk mail* every day.**

毎日DMを捨てなくちゃならない。

→ bulk mail は米国で料金別納郵便を意味し、DM（ダイレクトメール）などに使われています。別名 junk mail とも言います。

size に関連する語としては volume があります。**volume** は、体積として見た size を表します。英語では cubic inches、cubic feet のことです。volume は要するに量なので、体積だけでなく次のようにも用います。

⑰ **We should do something to handle the growing *volume* of traffic in Tokyo.**

増加する東京の交通量を何とかしなくては。

⑱ **The look on his face *spoke volumes*.**

彼はただならない表情をしていた。

➡ speak volumes で「意味深長」という感じになります。

SMELL

smell は嗅覚を刺激するものを表す最も一般的な語です。smell は「においそのもの」を意味しますし、さらに「においを嗅ぐこと」も指します。

① **I can't stand the *smell* of tobacco.**

タバコのにおいがダメなんです。

➡ このような文の場合は、同じ「におい」という意味を持つ語 aroma で置き換えることはできません。aroma には「いい香り」というニュアンスが含まれているので、この文では意味をなさなくなってしまいます。aroma の使い方については、smell の後で述べることにしましょう。

② **Do you have anything to *kill the smell*?**

何かにおい消しある？

➡ 「においを消す」と言いたい場合には、kill という動詞を用いると感じを出すことができます。

③ **She has an acute *sense of smell*.**

彼女は嗅覚が鋭い。

➡この場合の smell は「においそのもの」ではなく「においを嗅ぎわける」方に重点が置かれていますね。

　私はもともと鼻中隔湾曲で、何年か前に手術をしましたが、それでも普通の人と比べるとにおいに鈍感です。「においに鈍感」を英語で言えば My sense of smell is not good. というところです。good の代わりに keen も使えます。

④ **There is a *smell* of gas.**

　ガスのにおいがする。

➡この smell は、ガスが「鼻に感じられる」ということです。

⑤ **This has an unpleasant *smell*.**

　これはいやなにおいがするね。

⑥ **Taste and *smell* are closely connected.**

　味覚と嗅覚には密接な関係がある。

➡このように人間の五感の1つである嗅覚のことを表す場合には、smell 以外を用いることはまずありません。

⑦ **These dogs can find drugs *by smell*.**

　この犬たちは麻薬を嗅ぎわけることができる。

➡嗅覚によって麻薬を発見するということですので、視覚的な語である find を smell と一緒に用いています。最近はこうした犬が成田空港などにも配置されていますね。

⑧ **There is a *smell* of cooking.**

　何か料理をしているにおいがする。

➡この文では「料理のにおいがあたりに漂っている」様子を表しています。

⑨ **What a *smell!***

　すごいにおい。

➡この場合も、もちろんこの文だけではいいにおいか悪いにおいかを判断することはできません。しかし、英語を母国語とする人がこう言うときには、あまりいいにおいではないことが多いと思います。少なくとも私がこう言うときには、いいにおいではありません。

⑩ **_Have a smell of_ this.**

このにおいを嗅いでごらん。

➡もちろんこの文の場合は、smell を動詞として用いることもできます。しかし、「ちょっと一嗅ぎ」という感じを出すためには、上の例文の方が適しています。これと同じような表現として、「ちょっと飲んでみる」などというときには、have a sip を使います。

⑪ **This aftershave has no _smell_.**

このアフターシェイブは無臭です。

それでは aroma について見ていくことにしましょう。aroma は同じにおいでも、口にするものが発する「よい香り」という感じになります。したがって、aroma は食べ物や飲み物の香りを表す場合に用います。

⑫ **The _aroma_ of coffee filled the room.**

コーヒーのいい香りが部屋を満たした。

⑬ **I really like the _aroma_ of this pipe tobacco.**

このパイプタバコの香りがとても好きなんです。

➡ワインの香りを表すときには、aroma の代わりに **bouquet** という語を用いますので注意してください。

⑭ **He lifted the wine glass and sniffed the _bouquet_.**

彼はワイングラスを持って芳香をかいだ。

また、aroma は比喩的に用いて「趣き」を意味することもあります。

⑮ **The old coffee shop in Jimbocho had the *aroma* of the postwar days.**

神保町のあのコーヒーショップは戦後の趣きを残していた。

この他に smell に関連する語としては **odor** があります。もちろん odor は「におい」も表しますが、どちらかというと「においの素そのもの」に重点がおかれます。

⑯ **I can't stand his *body odor*.**

彼の体臭は耐えられないわ。

➡ body odor は「腋臭」のことです。

⑰ **He has a strong *body odor*.**

彼は腋臭がひどい。

odor については発音にも触れておくことにしましょう。日本人のほとんどの方が order を発音すると、英語を母国語とする人の耳には odor と聞こえてしまいます。order は発音記号で表せば[ɔːrdər]ですから[ou]という二重母音は含まれないのです。これに対して odor は[óudər]ですから、ちょうど日本人の発音する order の音と同じになります。これからこの2つの語を発音するときには、ぜひ注意するようにしてください。また、odor は次の例文のように比喩的にも用いられます。

⑱ **The *odor* of corruption hangs about the politician.**

あの政治家はどうも汚職をやっていそうだ。

➡このように、odor は「気配」といった意味合いもあります。また、an odor of suspicion で「疑惑の影」というように用いられることもあります。

この他にも odor は、「評判」「受け」といった意味合いでも使われます。

⑲ **I am *in bad odor with* my boss.**

私は上司の受けがよくない。

➡この文のように「〜に受けがよくない」という場合は in bad odor with 〜という形で用いますので、覚えておいてください。

「香り」を表すものとしては、他に scent という語があります。**scent** は distinctive or characteristic pleasing odor という意味で、どちらかというと、あるものに特有の「好ましい香り」という感じです。

⑳ **The *scent* of roses filled the air.**

バラのかぐわしい香りがあたりに満ちていた。

➡このような場合には、smell より scent の方がぴったりしますね。さらに scent は、smell に比べると、微妙な香りの感じがします。

また、scent は「あるものに特有の香り」ということから「手がかり」という意味でも用います。

㉑ **The police have lost the *scent*.**

警察は手がかりを失った。

㉒ **The cigarette butt put the police *on the scent*.**

タバコの吸い殻から足がついた。

➡ on the scent で「手がかりを得る」、反対に off the scent で「手がかりを失う」という意味になります。この場合、scent の代わりに smell を用いることはできません。scent は「臭跡」の意味があるからです。

TALK

talk は動詞としても『基本動詞編』の中に入っていますが、今回は名詞として検討します。talk の基本概念は、use of words, spoken words ということです。同じような意味の語には conversation、dialogue、chat などがあります。このうち talk は informal で general な意味合いが強く、広範囲に用いられます。

① **The restaurant is *the talk of the town*.**

その店は評判になっています。

➡ the talk of the town とは、今ちまたの話題になっているようなことを指して使います。覚えておくと便利な表現です。

② **The Japanese Prime Minister had *talks* with the Russian President on Wednesday.**

この水曜日、日露の首脳会談が行なわれた。

➡ talk が talks になると negotiations、conference の意味合いまでも出てきます。

③ **PTA's *coffee and conversation* is scheduled for Friday.**

PTA の会合は金曜日だ。

➡米国では、親たちがコーヒーを飲みながら歓談する集まりがよく開かれます。

conversation で、日本人が思いつかない意味を述べておきま

す。conversation には intimacy の意味合いが強いのですが、sex を意味する場合もあります。

④ **In law, adultery is called *criminal conversation*.**
（訳はご自分でどうぞ）

conversation がもっと formal に、またあらかじめ arrange されたりした場合には **discussion** となります。したがって discussion は conversation と違い、何らかの結論が出るのが普通です。

⑤ **After three hours' *discussion*, we decided to accept the proposal.**
3時間の議論の末、提案を受け入れることにした。

dialogue は talk や conversation に比べるとずっと formal です。さらに、conversation や talk と異なり、対立する2つの側の間の言葉の交換を意味します。また、conversation などよりは抽象的な意味で用いられます。

⑥ **The old and the young have to carry on a *dialogue*.**
新旧世代も対話が必要だ。

chat は talk、conversation よりさらに informal、familiar なニュアンスになります。

⑦ **Rick and Kelly had a pleasant *chat* about their school days.**
リックとケリーは学生時代の話に花を咲かせた。

chat に似た語に **chatter** がありますが、これはあまりいい意

味では用いられません。「無駄話、おしゃべり」という意味です。いつも愚にもつかないことをべらべらしゃべる人のことをchatterboxと言います。

⑧ **I don't want her to join the group. She is a *chatterbox*.**

彼女を仲間には入れたくない。どうしようもないおしゃべりだから。

CD 57

TRADITION

traditionの基本概念は、handing down of ～です。つまり、習慣や話などを親から子どもへと伝えていくことを表します。もちろんその行為だけではなく、traditionはwhat is handed down、つまり、伝えられていることそのものも意味します。

① **We have to cherish the family *tradition*.**

家の伝統を大切にしなければ。

② **You can break the family *tradition*.**

家の伝統に縛られることはない。

hand downということを抜きにして、習わしそのものに言及する場合は**custom**を用います。要するにa usual way of doing thingsなのです。

③ **Japan's mid-summer and year-end gift giving *custom* dies hard.**
日本のお中元、お歳暮の習慣はなかなかすたれない。

④ **Old and new *customs* live side by side in her house.**
彼女の家では古い習慣と新しいやり方が一緒になっている。

custom が customs となると「税関」の意味にもなります。

⑤ **First you have to *clear the customs*.**
まず通関しなくてはいけない。

custom がもっと個人的な場合には **habit** を使います。

⑥ **Smoking is a bad *habit*, I know.**
タバコが悪いことは知っているよ。

⑦ **This is, kind of, *habit forming*.**
これは癖になるぜ。

行為そのものにもっと重点が置かれる場合は、**practice** を用います。

⑧ **Copying notebooks before exams is a common *practice* among students.**
試験前にノートを写すのは学生の間ではよくやることだ。

社会によって認められてきた「習わし」は **convention** で表します。このような「習わし」は社会的通念を基礎にしているものなので、日本語では、否定的に言えば「因習」にあたると思います。

⑨ **Using the right hand to shake hands is a *convention*.**
握手のときは右手を使うのが普通である。

TRAFFIC

　traffic の基本概念は、coming and going です。要するに人や物が行き来することです。この語は日本語訳の「交通」と覚えていたのではとうてい使いこなすことはできません。それでは実際にどのように使われるのか例文で見ていくことにしましょう。

① **The *traffic* is really smooth today.**
今日は道が混んでいない。
➡これは文字どおり車の流れがスムーズだということです。

② **The *traffic* is really heavy today.**
今日は道が混んでいる。
➡traffic をこのように使う場合、smooth の反対を表す語は heavy になります。

③ **The *traffic* was tied up by the accident for two hours.**
事故で2時間交通止めになった。
➡traffic が heavy である状態を traffic congestion と言いますが、これをもっと平易な言葉で言い換えれば traffic jam になります。

④ **We *were caught* in a *traffic jam* on the way.**

途中で渋滞につかまっちゃったよ。

⑤ **Air *traffic* increases between Japan and the U.S. every year.**

航空運輸量が日米の間で年々増している。

➡ air traffic で「飛行機の飛び交うさま、往来」を表しています。ちなみに航空管制官は air traffic controller と言います。

⑥ **The company handles 80 percent of international telephone *traffic* in Japan.**

その会社は日本の国際電話の 80 パーセントを占める。

➡ telephone traffic で通話量のことを表します。

⑦ **Slow down. I don't want to get a *traffic ticket*.**

スピードを落とせ。切符を切られるのはいやだよ。

➡ traffic ticket は、よくご存じの警官が切る交通違反の切符のことです。

⑧ **It's easy. Just follow the *traffic signs*.**

簡単だよ。標識通りに行けばいい。

➡ traffic signs は、矢印などで表示してある道案内のことを指します。

　人や物の行き来を表す言葉は traffic ですが、それを行うのは transport と transportation です。

transport と **transportation** は、名詞としての意味はほとんど同じだと言えます。ただし transportation が、the cost of transport（運賃、輸送料）を表すときには transport で置き換えることはできません。

⑨ ***Transportation provided.***

交通費支給。

➡ これは求人広告などによくある言い回しです。この文の場合、前述したように transportation が「交通費」を表しているので、transport で置き換えることはできません。

⑩ **Tokyo's *transportation* is the best in the world.**

東京の交通機関は世界一だ。

➡ このような場合は transportation を使うのが一般的ですが、transport で置き換えることもできます。

なお、米国では交通機関そのものを表す場合は transport ではなく、transit を用います。

⑪ **He is working for *the New York City Transit*.**

彼はニューヨーク都市交通で働いている。

➡ 要するにこれは、東京の都営交通みたいなものです。

⑫ **She was in *transports* of joy.**

彼女は有頂天だった。

➡ transport はこのように非常に強い気持ちを表すこともあります。ただし、transports of joy という言い方はちょっと堅い言い回しではあります。

CD 59

TRAVEL

travel はモノが移動することを表す最も基本的な語です。また、

travel は目的や期間に関係なく、ある場所からある場所への移動を表わします。ですから travel は動詞として、光などが「進む」というような場合にも用いられます。

① **Jane loves *travel*.**

ジェーンは旅行が好きだ。

➡この文の場合はどこへ行くことよりも、その道程、つまりある場所からある場所へと動くことが好きだ、というニュアンスを含んでいます。

② **Space *travel* will be possible soon.**

宇宙旅行はもうすぐ現実となる。

➡この travel もまた移動する過程、つまり宇宙空間の移動を意味しています。

③ **I spent the summer *in travel*.**

私は夏中旅して回って過ごした。

➡要するに、動いて過ごしたわけです。

④ **He is a *travel* agent.**

彼は旅行業者だ。

⑤ **I want to read his *travels*.**

彼の旅行記が読みたい。

➡このように travel を複数形で用いると、「旅行記」という意味になります。

travel と同じような意味を表す語に trip があります。**trip** は普通2つの場所の間の travel を意味します。英語で言えば a run between two places となります。trip を「旅」と機械的に覚えて

いたのでは使いこなせません。

⑥ **We have a lot of baggage. We have to make two *trips*.**

荷物が多いから2回に分けて運ぼう。

➡このように trip は、車から玄関までのような短い距離の移動でも使えます。ですから、使い方を覚えておくと大変便利です。

⑦ **It's just a *one-day trip*.**

ただの日帰りだよ。

⑧ **Please buy a *round-trip* ticket.**

往復切符を買ってください。

➡往復は round-trip 、片道なら one-way となります。

⑨ **He often goes on a business *trip* abroad.**

彼はよく海外出張がある。

➡ business trip で「商用」ということになります。

⑩ **John made a *trip* to his home town to visit his parents for Thanksgiving.**

ジョンは感謝祭に両親に会いに田舎へ帰った。

⑪ **Have a nice *trip* back.**

お帰りもお元気で(お気をつけて)。

➡これは旅立つ人に言う表現です。back を使うことによって、どこかに戻るという意味がでます。

⑫ **That's his *ego trip*.**

やつの身勝手だ。

➡ ego trip とは「身勝手」「自己陶酔」のことです。

⑬ **He made a *trip* of etiquette.**

彼は礼を失することをした。

➡ここで使われている trip は、mistake、slip、blunder という意味です。trip は動詞として用いる場合、「つまずく」という意味になります。

⑭ **She had a bad *trip* on LSD.**

彼女は LSD でひどい幻覚を味わった。

➡日本語でもすでにこの意味で「トリップ」として使われていますね。

　tour は travel around つまり、普通は出発点からある場所をぐるっと回って元の所に戻るところまでの移動を表します。日本語でツアーというと観光旅行の意味合いが強いようですが、英語の tour はもっと意味が広く、広範囲に使うことができます。

⑮ **We made a *tour* of the newspaper office.**

我々は新聞社を見学した。

➡tour は「ぐるっと回ること」を意味しますから、日本語の「見学」は tour を使って表現することができます。

⑯ **I will give you a *house tour*.**

家を案内しよう。

➡アメリカでは友人などを家に招くと、家の中を案内して見せて回ります。それを表すのが house tour です。

⑰ **The Prime Minister will wrap up his ten-day ASEAN *tour* and return to Tokyo on Friday.**

首相は、10 日間のアセアン諸国訪問を終えて、金曜日に東京に戻る。

➡首相などが外遊するときによく使われる「歴訪」という言葉も、英語では tour で十分表現することができます。

⑱ **Sumo wrestlers are *on tour* now.**

お相撲さんは巡業中だ。

➡ on tour は、on the road と言い換えても同じです。

    journey はこの語1つだけで、何かの目的のための長く辛い trip を意味します。普通陸路の旅を意味しますが、最近はあまり区別しなくなってきています。なお水路の旅を表す場合には voyage を用いるのが一般的です。

⑲ **The space ship is on a long *journey* to Mars.**

宇宙船は火星への長い旅をしている。

CD 60

TRUST

    trust の基本概念は、a firm belief in the honesty, truthfulness, justice or power of a person or a thing です。つまり「人やモノに対する漠然とした信頼」というよりは、もう少し「その人やモノが持っているもの自体への確固たる信頼」を表します。

    それに対して trust の基本概念の説明にも使われている **belief** は what is held true つまり「確実な証拠がなくても真実と認められていること」を表します。したがって belief はこの種の意味を持つ語の中では最も一般的に用いられます。

① **It was a common *belief* that the earth was flat.**

一般的には地球は平らだと信じられていた。

➡この場合、belief は何の根拠もなく「人々は漠然と地球は平らだと信じていた」ということを表しています。

② **I don't have much *belief* in his honesty.**

彼はあまり正直だとは思えない。

➡確かな証拠はないのですが、何となく信じられないわけです。

③ **I have lost my *belief* in ghosts.**

幽霊がいるとはもう思っていません。

➡この文の場合も「確証はないが、幽霊はいないと思っている」という意味になります。

④ **We have great *belief* in our family doctor.**

ホームドクターを大変信頼してます。

➡この場合の belief は trust と同じように「確固たる信頼」を表しています。

⑤ **Most children follow the *belief* of their parents.**

子どもは親の信じるものに準ずる。

⑥ **The actress could not accept the *beliefs* of her parents.**

例の女優は両親の信仰には従わなかった。

➡このように belief が複数形で用いられると「宗教上の信条・教義」という意味になります。

⑦ **He expressed his *belief* in Christianity.**

彼はキリスト教を信じていることを明らかにした。

⑧ **My *belief* is that we should turn down his offer.**

彼の申し出は、はねつけた方がよいと私は思う。

➡I believe の代わりに上の文のように言うと、ちょっと formal

な感じになります。

⑨ **His behavior is *beyond belief*.**

彼のふるまいは信じがたい。

➡このような文の場合、「彼のふるまいは信じがたいほどひどい」ということになります。また、beyond belief は impossible to believe と同じ意味になります。

⑩ ***To the best of my belief*, the building was not built by the construction company.**

私の知る限りでは、その建物は例の建設会社が建てたものではない。

➡この belief は knowledge と同じ意味で使われており、as far as I know と言い換えても同じことになります。

belief が unshakable and undoubting、つまり「ゆるぎない」ものになると **conviction** という語を用います。

⑪ **My *conviction* is that he is innocent.**

彼が無実であると私は確信している。

➡このように conviction を使うと、belief よりさらに「確実性が強く、何か根拠となる証拠なり理由がある」ことを表します。

⑫ **His excuse carries no *conviction*.**

彼の言い訳はまったく説得力がない。

➡ no conviction を用いると、「正当と認めるだけの説得性がまったく見いだせない」という感じが出ます。

⑬ **Do you always act according to your *convictions*?**

いつも信念に従って行動していますか？

➡この場合「確固たるものがあって行動しているのか」と尋ねて

いるわけです。

⑭ **His promise doesn't carry much *conviction*.**

彼の約束はあまり信頼できない。

➡つまり信憑性がないわけです。

⑮ **If you don't *have the courage of your convictions*, you will never reach your goals.**

自分の信じるところに従って行動できなければ、目標は達成できませんよ。

➡ have the courage of one's convictions で、have courage and determination to carry out one's goals という意味になります。つまり他人の批判などを気にしないで、「正しいと信じるところに従って行動する」ということです。

⑯ **He made it because he *had the courage of his convictions*.**

彼は自分の信ずるものに従ったから成功できたのだ。

⑰ **He has two *previous convictions*.**

彼は前科二犯です。

➡このように、conviction には「有罪判決」という意味もあります。これは convict（有罪にする）も convince（確信させる）も名詞形は同じ conviction となるからです。

⑱ **A child *puts trust in* his parents.**

子どもは親を信頼している。

➡いろいろな面で「子どもが親を頼りにする」という感じを trust を用いることで出すことができます。

⑲ **A good marriage is based on *trust*.**

幸せな結婚は信頼の上に成り立つ。

➡この場合も belief を用いるより、trust の方が「信頼」というニュアンスが伝わります。

⑳ **You have betrayed my *trust*.**

私の信頼を裏切ったな。

➡このように、英語にも日本語と同じような言い方があります。

㉑ **He holds a position of great *trust*.**

彼は大変責任ある地位にいる。

➡この場合の trust は responsibility と同じ意味になります。

㉒ **Don't take his words *on trust*.**

彼の言葉をうのみにしない方がいいよ。

➡ on trust で「証拠もなしに、はなから信用して」という意味になります。

㉓ **They sell goods *on trust*.**

あそこは掛け売りをする。

➡この on trust は on credit と同じ「信用で」という意味で用いられています。

㉔ **I drink *on trust* there.**

あそこではツケで飲む。

➡米国では実際には「ツケ」はありませんが、こういった言い方はできます。

㉕ **The house is left in the caretaker's *trust*.**

家は管理人の世話に任せてある。

➡この trust は「管理、世話」という意味です。

この他に trust は anti-trust law のように「トラスト、企業合

同」などまだまだいろいろな使い方があります。

　trust と同じような意味を表す語として **confidence** があります。confidence が trust と違う点としては、confidence には a firm belief in oneself という意味合いも含まれているところです。これは日本では「自信」と訳されています。

㉖ **I have gained much *confidence* in writing English.**
　英語を書くのにだいぶ自信がついた。
　➡「自信がついてくる」ということを表すには、上の文のように動詞は gain を用います。反対に「自信を失う」を表す場合には lose となります。

㉗ **People are losing *confidence* in the government.**
　国民の政府に対する信頼がなくなっている。

㉘ **He has talent, but lacks *confidence*.**
　彼は才能はあるけれど、自信に欠ける。
　➡この文の場合、talent は具体的な才能に言及しているわけではないので、冠詞が付きません。たとえば具体的に「絵の才能」などと言うときには、a talent for painting となります。

㉙ **He enjoys the president's *confidence*.**
　彼は社長の信頼が厚い。
　➡ confidence は「信頼されている、頼りにされている」という意味を表すとき、上のように用いられます。

㉚ **Have more *confidence* (in yourself).**
　もう少し自信を持ちなさい。

㉛ **Don't put too much *confidence* in what the newspapers say.**

新聞の言うことをうのみにしない方がいい。

➡ この confidence には importance、significance の意味合いも含まれています。

㉜ **She betrayed my *confidence* in her.**

彼女を信頼していたのに、裏切られた。

➡ この confidence は faith に近い意味合いになります。

㉝ **I'm telling you this *in confidence*.**

このことは秘密ですよ。

➡ in confidence で、as a secret と同じ意味になります。

㉞ **The government lost *a vote of confidence* and a general election was called.**

政府は信任票を得られず、総選挙となった。

➡ これはまるでどこかの国のことのようですね。a vote of confidence は「信任票」、a vote of no confidence は「不信任票」と言います。

この他にも confidence man などという表現がありますが、これは「詐欺師」のことで、普通は省略して con man と言います。だいぶ前のことになりますが、日本でも大ヒットした映画『Sting』の中でロバート・レッドフォードとポール・ニューマンが演じていた役どころが、この con man でしたね。

WAY

　wayはmode、あるいはmeansを表す最も一般的な語です。同じような意味を持つ語にはmethod、mannerがあります。しかしwayの場合は、method、mannerの2つの語に比べると、どちらかといえばpersonalあるいはspecialな意味を含んだmodeです。それに対してmethodは、wayよりもう少しorderlyというかsystematicな意味合いが加わります。mannerの場合はcharacteristicというかparticularな意味合いを含んだmethodやwayという感じで、主に人の様子を表すのに使われます。

　また、wayはmodeを表すだけでなく、pathつまり何かの通り道という意味でも用いられます。このことは、方法(mode)も通り道(path)も目的への道程であるということを考えれば根本的には同じだということがわかると思います。routeの場合は、人為的に作られた規則的な道筋を表しますが、wayには、こうしたニュアンスはありません。

　courseは、多くの場合routeに置き換えることができますが、courseは自然の成り行きを表すことができるのに対して、routeは人為的なものにしか使うことができません。

① **More pancakes are *on the way*.**

　　パンケーキがもっと来るよ。

　➡ on the wayにはcomingという意味合いがあります。副詞的にon the wayを用いると「途中で」という意味になりますが、

この例文のように単独で用いることもあるのです。

② **I saw him *on the way*.**

途中で彼に会った。

③ **That car is *in the way*.**

あの車が邪魔していて通れない。

➡ in the way の場合も way は path の意味ですが、この例文の場合は「〜の通り道にある」つまり「邪魔になる」being an obstacle という意味になります。

④ **Don't *get in the way*.**

邪魔するな。

⑤ **Please *clear the way*.**

どいてください。

➡ get in the way の反対の意味を表すには、clear the way を用います。

way の前に in ではなく out of をつけると「人の通るところ」というニュアンスから、「人の通るところから外れた」という意味に変わります。つまり日本語で言う「人里離れた」とか「ひなびた」という意味になるのです。

⑥ **I like On-sen *out of the way*.**

ひなびた温泉が好きだ。

➡ out of the way を形容詞的に用いると、out of the way On-sen と言うこともできます。同じような意味を持つ表現として、off the beaten track があります。

⑦ **The new housing project is *under way*.**

新住宅計画が進行中だ。

➡ under way といえば、何か計画などが going on、in progress（進行中）という意味にもなります。

⑧ **Party barons are *paving the way for* the new candidate.**

党の大物は新しい候補のために道をつくっている。

➡ pave the way という形で way を使うと「道を開く、準備する」という意味になります。どこかの国（？）の政治には欠かすことのできない表現ですね。

もう少し way を使った表現を見ていくことにしましょう。

⑨ **She really *knows the way around*.**

彼女、この辺りの道は本当によく知っているんだ。

➡ know the way around と言えば「よく地の利がわかっている」という意味になります。

⑩ **Don't worry. He will get it done all right. He *knows the way around*.**

心配しなくても彼ならちゃんとやるよ。事情に明るいから。

➡ know the way around はこのように比喩的に用いられるときは、「何をどうしたらよいのか状況をわきまえている」という意味になります。

また、いろいろな動詞と組み合わせることによって、way はどのように進むかを表すことになります。

⑪ **It was so crowded. I had to *push my way*.**

とても混んでいて、人混みをかきわけて進んだ。

➡ push one's way には「人混みの中を押して進む」といった意

味合いがあります。

⑫ **He *worked his way through* college.**

彼は働いて大学を出た。

⑬ **Don't *force your way*.**

無理やり押し通すもんじゃないよ。

➡ force one's way には「強引に物事を押し通す」といった意味合いがあります。

⑭ **Fire fighters *picked their way through* the debris.**

消防士たちは、その残骸の中を足の踏み場を探しながら進んだ。

➡ 足の踏み場を選んで進むような場合には pick one's way を使います。

⑮ **It was so dark in the room. The girl had to *feel her way*.**

部屋はとても暗く、少女は手探りで進んだ。

➡「手探りで進む」と言うときには feel one's way と言います。

⑯ **She *lost her way* in Shibuya.**

彼女は渋谷で道に迷った。

➡ lose one's way は get lost の意味になります。

⑰ **I am not *giving way* to them by any means.**

どんなことがあってもやつらには屈しないよ。

➡ give way は yield、retract の意味です。

⑱ **Cars *made way for* the ambulance.**

車は救急車に道を譲った。

➡ make way は give way と同じ意味があるだけでなく、他に「進む、はかどる」あるいは「道を譲る、空ける」という意味合

いがあります。これが make one's way となると「頭角を現す、出世する」という意味になります。

⑲ **She *made her way* in the hotel bisiness.**

彼女はホテル業界で頭角を現した。

⑳ **They are *going out of their way to* lure employees away from other companies.**

あの会社は人材の引き抜きにやっきになっている。

➡ go out of one's way to do something は、to make an effort to do something ということです。one's way は「いつもの自分のやり方」ですから、それを外れてまでやるということになります。つまり「特別な努力をする」ことを意味するわけです。

㉑ **Illegal parking is *a way of life* in Tokyo.**

東京では違法駐車が当たり前だ。

➡ a way of life は他の言葉で言えば common ということです。common は「当然のこと、当たり前のこと」という意味を持っています。これを「生活様式」とだけ日本語で覚えていては、とても使いこなすことはできません。もう１つ、a way of life の例を挙げておきましょう。

㉒ **Death is *a way of life* for terrorists.**

テロリストにとって死ぬことなんて何でもない。

➡死がテロリストにとって日常だということです。

㉓ **She *learned* how to handle men *the hard way*.**

いろいろあって、彼女も男の扱いが変わった。

➡ learn 〜 the hard way というのは「自分の苦い経験などによってやっと知る」という意味です。

㉔ **He *has a way with* women.**

やつは女の扱いがうまい。

➡ have a way with ～で to handle or deal well with ～という意味になります。もう1つ例文を挙げておきましょう。

㉕ **She *has a way with* computers.**
彼女はコンピュータに強い。

話は way からそれますが、上記の例文の中に出てきた「女の扱い方がうまい」ような男のことを a smooth operator と言います。この言葉はシャデーという歌手の歌の題名に使われたこともあります。要するに「女たらし」という意味です。

ちょっと話が際どくなったところで、ケリー伊藤ならではの語句をもう1つ挙げておきましょう。go all the way と言うと、皆さんは「ずっとはるばる行く」と覚えていると思います。

㉖ **You don't have to *go all the way to* Nagoya.**
わざわざ名古屋まで行く必要はない。

しかし、これを人と一緒に用いると「…をする」という意味になりますので、使い方に注意してください。

㉗ **You know, he *went all the way with* Hanako.**
あいつは花子と行くところまで行っちゃったんだぜ。

➡ もちろんこれは遠回しな表現(euphemism)なので、そんなに下品な表現ではありません。これをもう少し直接的な表現で言うと go to bed with ～になります。この手の表現は他にも山のようにありますが、それはまた別の機会に譲ることにして、本題の way に戻ることにしましょう。

㉘ **I don't *go both ways*.**

私は両刀使いではありません。

➡ go both ways で、同性とも異性とも…することを意味します。性的な語を使わなくてもこのように表せます。

㉙ **A little language *goes a long way*.**

ちょっとでも言葉を知っていればとても役に立つ。

➡ go a long way というのは to help very much の意味です。

㉚ **We *have come a long way*. Now the company is one of the best in Japan's high-tech industry.**

我々も立派になったもんだ。今や日本のハイテク産業ではトップだよ。

➡ go の代わりに come を使って have come a long way と言うと、結果を表し、to have accomplished much という意味になります。つまり come は到達点に重点があるので、結果を表すのです。なお、この意味のときは have come a long way と完了形でしか用いませんので注意してください。

㉛ **It's getting late. We'd better *hit the way*.**

遅くなるからもう出かけよう。

➡ hit the way で「出発する、出かける」という意味になります。車などで旅をしている場合には、way の代わりに hit the road といいます。

㉜ **That's *the other way round*.**

それじゃ、あべこべだ。

➡ the other way round は the reverse、the opposite という意味です。物の入れ方などが逆の場合に知っておくと便利なフレーズです。もちろんこれは副詞的にも使えます。

㉝ ***That's the way it is.***

まあ、そんなところです。

➡私の尊敬する、また大先輩でもある CBS の Walter Cronkite が『CBS Evening News』の anchorman をやっていたころ、必ず番組のシメに使ったフレーズです。このフレーズに、いろいろなことが毎日起こる様子を達観している彼の人物としての大きさがにじみ出ています。

同じような way の使い方として、Billy Joel の歌にもあった表現を取り上げておきましょう。

㉞ **I like *the way you are.***

あるがままの君がいい。

➡ No way は米国の informal な言い方で、強い否定を表します。しかし英国人は使わないようです。

㉟ **A：Can I go there？　B：*No way.***

A：そこへ行ってもいい？　B：絶対にダメ。

➡ way にはまだまだ他にもたくさん決まり文句がありますが、まあこれくらい知っていれば十分だと思います。さもないと、No way out. – way から出られなくなってしまいますから。

(CD 62)

WORK

work という言葉はよく「仕事」と訳されていますが、work＝仕事と覚えていたのでは、なかなかうまく使いこなすことはできません。

workという言葉の基本概念は、「何かを実現するためになされるeffort（努力・労力）」ということです。この場合の「労力」とは、肉体的、精神的なもの両方にあてはまります。

① **Language learning requires *hard work* and dedication.**
語学学習は一生懸命頑張ってやることが大切だ。
➡この例文は、語学習得にはたいへんな労力を必要とすることなので、workを用いることになります。そしてdedicationは「自分をささげる」という意味ですからhard work and dedicationで、日本語で言う「一生懸命頑張る」という感じを出すことができます。hard workだけでは日本語の語感は出ません。

② **It takes a lot of time and *work*.**
それにはたいへんな時間と労力が要る。

③ **I have a lot of *work* to do today.**
今日はとっても忙しい。
➡workという言葉は、その結果を示すときには数えることができます。

④ **Please read the *works* of *Hemingway*.**
ヘミングウェイの作品を読みなさい。
➡この場合のworksは、作家などの努力の結晶である「作品」を意味します。つまり、workの結果生じたworkということになります。

　workと同じように用いられる言葉にjobがあります。**job**はa piece of work、つまりworkをもう少し具体的にしたものと考えることができます。ですから雇用関係をも含む個々の仕事を表す

場合に用いられます。

⑤ **I am looking for a *job* in Tokyo.**

私は東京で職を探しています。

➡ この job は employment の意味です。このように job は position も示しますので、次の2つの文に見られるような意味の違いに気をつけてください。

⑥ **He is *at work* on the amplifier. He will be done in a minute.**

今アンプにかかっているけれど、すぐに終わるよ。

⑦ **He got fired for goofing *on the job*.**

仕事中に油を売っていてクビになった。

➡ 日本語では at work も on the job も「仕事中」と訳されますが、実際にはニュアンスが少し違ったものになります。at work は何かに取り組んでいる、つまり実際に working していることを表しています。ですからここには busy という感じが入り込んでいます。これに対して on the job は on duty に近い意味合いがあります。要するに勤務中であるといった状況を設定しているわけです。したがって on-the-job training と言うことはできますが、at work training とは言わないのです。job のもう1つのイディオムを紹介しておきましょう。

⑧ **The kid *did a job on* my favorite CD.**

子どもがお気に入りの CD を台無しにした。

➡ do a job on ～で「～をめちゃくちゃにする、台無しにする」という意味です。

work に「作業の内容が hard である」といったニュアンスを付

け加えたいときには、**labor** を用います。この「hard である」というニュアンスには、精神的な意味もありますが、どちらかと言えば肉体労働や手仕事を指します。

⑨ **Digging the ground is *labor*.**

地面を掘るのはひと仕事だ。

➡このように manual work を指す場合には、たいてい labor を用います。

⑩ **She is *in labor*.**

彼女は陣痛が来ているよ。

➡女性の一大仕事である分娩も、このように labor を用います。in labor で、赤ん坊が出てくるように一生懸命頑張っているわけです。

toil は work や labor 状態が長時間続くといったニュアンスがあり、実行すること自体、非常に困難なことです。また、この言葉には少しばかり文語的な感じがあります。

⑪ **John succeeded after many years of *toil*.**

ジョンは長年の苦労の末、やっと成功した。

➡長期間、骨を折って頑張った様子が toil ににじみ出ています。

chore は「毎日やらなくてはいけない決まりきった仕事」の意味で、しかもそれをしないと、物事が正常に機能しなくなる場合に用いられます。

⑫ **Doing the dishes is Tom's *chore*.**

皿洗いはトムの役目です。

➡ここでは「役目」という日本語を使いましたが、この例文にあ

るように、皿洗いなどの日常的な仕事を示すのが chore という言葉です。

⑬ **Young husbands share household *chores*.**

　最近の夫は家事を手伝う。

➡家庭などの雑用をひっくるめて一言で言うときには、chores と複数形を用います。

ケリー 伊藤（Kelly Itoh）
1954年生まれ。米国ミネソタ州 Brown Institute 修了。CBS オーディション合格後、ミネアポリスのニュース専門局で活躍。日本では多重放送キャスターなどを経て、現在、企業研修で英語を指導するかたわら、Kelly's English Lab での対面教育、Plain English in CyberSpace でのインターネット上の英語指導を展開している。

［著　書］
『ケリー伊藤の英語表現使い分け辞典』『新・英単語の使い方事典 基本動詞編』（三修社）、『増補・改訂版英単語「比較」学習帳』（宝島社新書）、『英語ライティング講座入門』（研究社）、『日米慣用表現辞典』（小学館）など多数。

［インターネットアドレス］
http://kellyslab.com/（ラボ）
http://www.pecs.jp（インターネット添削）

辞典ではわからない
新・英単語の使い方事典　名詞編（CD付）

2010年4月16日　第1刷発行

著　者　ケリー　伊藤
発行者　前田　俊秀
発行所　株式会社　三修社
　　　　〒150-0001　東京都渋谷区神宮前2-2-22
　　　　TEL 03-3405-4511　FAX 03-3405-4522
　　　　http://www.sanshusha.co.jp/
　　　　編集担当　澤井　啓允
印　刷　萩原印刷株式会社
CD製作　中録サービス株式会社

©Kelly Itoh 2010 Printed in Japan
ISBN978-4-384-03370-0 C2082
　　装幀／(有)ベーシック　畑中　猛
　　校正協力／浪岡　礼子

®〈日本複写権センター委託出版物〉
本書を無断で複写複製（コピー）することは、著作権法上の例外を除き、禁じられています。
本書をコピーされる場合は、事前に日本複写権センター（JRRC）の許諾を受けてください。
JRRC〈http://www.jrrc.or.jp　eメール: info@jrrc.or.jp　電話: 03-3401-2382〉